세상에 대하여
우리가
더잘 알아야 할
교양

69

지은이 소개

지은이 정민규

성균관대학교에서 신문방송학을 전공하고, 고려대학교에서 온라인 커뮤니케이션으로 석사 학위를 받았습니다. 작가, 번역가, 편집자로 활동하고 있습니다. 저서로 《마음에 닿기를》《일상 통찰》이 있고, 역서로 《순간을 소유하라》《스탑 스모킹 플랜》《세상에 대하여 우리가 더 잘 알아야 할 교양 : 인구 문제, 숫자일까, 인권일까?》《세상에 대하여 우리가 더 잘 알아야 할 교양 : 기후 변화, 자연을 상품으로 대하면?》이 있습니다.

세 상에 대하여
우리가
더 잘 알아야 할
교양

정민규 지음

69

인구와 경제

인구가 많아야 경제에 좋을까?

내인생의책

차례

※ 본문의 **굵은 글씨**로 표시된 단어는 133페이지 용어 설명에서 찾아보세요.

들어가며: 과연 인구가 줄어드는 것이 문제일까?

국가의 3요소를 아시나요? 영토, 국민(사람), 주권(정부)이지요. 이 가운데 하나라도 빠지면 국가라고 하기가 어렵습니다. 그런데 앞으로 불과 1세기가 지난 22세기가 되면 대한민국이라는 국가가 사라질지도 모른다고 합니다. 아니, 도대체 무슨 일이 일어나기에 5천 년이 넘는 유구한 역사와 5천만 명이 넘을 만큼, 절대 적지 않은 인구를 보유한 우리나라가 없어질 수도 있다는 걸까요? 바로 국민, 즉 '인구'가 없어서입니다.

삼성경제연구소는 2010년 〈저출산 극복을 위한 긴급 제언〉이라는 보고서에서 2100년에 인구가 반 토막 나고, 2500년에는 인구가 33만 명으로 줄어 장기적으로는 국가가 소멸할 우려가 있다고 경고했습니다. 국내에서만 이렇게 예측한 것이 아닙니다. 세계 유수의 기관에서도 비슷하게 전망했어요. 2009년 유엔미래포럼에서 발간한 〈유엔미래보고서 2〉에 따르면, 한국은 저출산이 심각해 2305년에는 남자 2만 명, 여자 3만 명 정도만 남는다고 예측했습니다. 2006년 영국 옥스퍼드대학교 인구문제연구소는 아예 '지구상에서 가장 먼저 사라질 나라'로 대한민국을 꼽았지요.

여러분도 저출산과 고령화가 심각하다는 말을 언론을 통해 자주 접했을 것입니다. 저출산은 인구 감소를 유발하는 현상이고, 고령화는 인구 감소로 나타난 현상입니다. 지금은 출산을 애국이라고까지 말하며 장려하지만, 불과 20여 년 전만 해도 분위기는 사뭇 달랐습니다. 당시에는 저출산을 적극적으로 권장했지요. 하지만 이후 출산율이 극도로 낮아졌고, 아이를 더 많이 낳게 하려는 연구와 정책이 잇따라 나왔습니다. 이처럼 인구 정책은 시대에 따라 달랐습니다.

국가에서 출산율에 민감한 이유는 그것이 사회에 미치는 파장이 매우 크기 때문인데요. 인구가 적은 나라는 적은 나라대로, 많은 나라는 많은 나라대로 고민하게 되지요. 인구 문제는 인류가 계속 안고 가야 할 숙제입니다.

우리나라 정부에서는 1970년대에는 1가정 2자녀, 1980년대에는 1가정 1자녀를 권장했다.

인구가 줄어들고 늘어나는 것은 복잡한 현상입니다. 기술 발전, 의료 환경, 사회복지와 밀접하게 연관되어 있지요. 인구 변화가 사회에 미치는 영향 또한 복잡합니다. 세대 갈등, 빈부 격차, 의료 비용 발생, **도시 스프롤 현상**, 지방 소멸, 환경 오염, 실업률 증가, 경기 침체 등 사회적으로 거의 영향을 미치지 않는 것이 없다고 해도 지나친 말이 아닙니다.

하지만 이러한 온갖 사회 현상의 주요 원인이 인구 변동 때문이라고 단정 지어 말할 수는 없습니다. 그런데도 인구가 급증할 때는 인구 증가로 생활 수준이 떨어져 공멸할 수도 있다고 주장하거나, 인구가 감소하면 심각한 경제 침체가 생길 것이라고 단언합니다. 한편으로는 인구가 감소하면 경쟁도 마찬가지로 줄어들기 때문에 각자가 누리는 혜택이 늘어날 것이라는 장밋빛 전망도 합니다. 최근 주요국들 사이에서 심각한 사회 문제인 저출산과 고령화를 두고도 이처럼 단순화된 논리가 대세를 이룹니다. 예를 들면 "인구가 줄어들면 생산과 소비의 주축인 **경제 활동 인구**가 감소해 경제가 어려워진다." "고령자가 급증하면 부양 부담이 늘어나서 경제가 더욱 침체할 것이다." 같은 논리입니다.

우리나라의 경우 고령자는 늘어나고 젊은 층은 줄어들고 있습니다. 생산과 소비에서 큰 몫을 차지하고 있는 40대 인구는 앞으로 10년 동안 150만 명이 줄어들 것으로 예상합니다. 20대 인구는 향후 10년 동안 200만 명이 줄어든다고 합니다. 이러한 수치를 비관적으로 바라보고 자조하거나, 출산율을 높이면 모든 문제가 해결될 것처럼 논의의 폭을 좁히는 경우가 많습니다. 이는 바람직한 자세가 아닙니다. 이래서는 해법을 찾기가 힘듭니다. 인구 구조는 변화할 수밖에 없습니다. 이러한 인구 변동 가운데서 기회를 발견하고 그 기회를 활용하기 위해 미리 준비하는 것이 우리가 할 일이겠지요.

이쯤에서 우리는 질문을 던질 필요가 있습니다. 인구가 줄어드는 것이 과연 문제일까? 인구 감소가 우리에게 제공하는 기회는 없을까? 최근 우리 사회에는 저출산과 고령화가 빚어낼 미래상을 놓고 위기의식이 많이 깔려 있습니다. 그러나 우리는 정말 여러모로, 그리고 장기적으로 인구 문제에 관해 생각해 본 걸까요? 미래를 예측하는 일에만 매몰된 나머지 도시화, 취업, 환경, 부의 분배, 경제 성장 등 각종 사회 현상과 인구 사이의 복잡한 상호 관계를 너무 단순화한 건 아닐까요? 위기의식을 지나치게 강조한 나머지 출산율을 높여야 한다는 목소리만 높여 온 것은 아닐까요? 냉철하면서도 폭넓게 사고해야 할 때입니다.

현재 세계는 인구 증가로, 주요국은 인구 급감으로 우려합니다. 인구 변화를 왜 걱정할까요? 간단히 말하자면 지구상에서 계속해서 먹고살 수 있을지, 삶의 질을 높일 수 있을지 고민하는 것입니다. 즉 공존과 공영의 길을 찾기 위해서입니다.

인구에 관한 개념은 시대에 따라 바뀔 수 있습니다. 인구는 곧 사람을 말하고, 사람은 역사, 문화와 떼려야 뗄 수 없지요. 또한, 어느 시대든 세대별로 사고방식과 생활 방식에 차이를 보입니다. 결국, 지금 이 시대에 맞게 인구에 관한 개념을 정립하려면 인구에 내포된 역사와 문화를 읽어 내야 합니다. 그렇게 미래를 예상하고 대안을 모색해, 현세대가 공존하고 후세대에 유

전문가 의견

인구를 보는 시각을 바꿔서 다가오는 미래를 기회로 삼아야 한다. 판단 기준을 미래에 놓고, 과거 관행에서 벗어나고, 인구 변동에 관심을 가지면 미래가 보일 것이다.

— 조영태 서울대 보건대학원 교수, 2018 서울미래콘퍼런스에서

익이 되도록 미래를 준비하는 것이 현재를 살아가는 우리의 역할입니다. 이 책을 통해 여러모로 인구 문제를 조명함으로써 질문을 던지고 해답을 찾아 갑시다.

이 책에서는 특히 인구와 경제 간의 관계에 집중할 것입니다. 인구와 경제 의 상관관계를 인류는 과거부터 꾸준히 고민해 왔습니다. 인구 변동과 경제 생활을 더욱 깊이 살핌으로써 우리가 다 함께 공존할 수 있는 길을 찾기 위 함입니다.

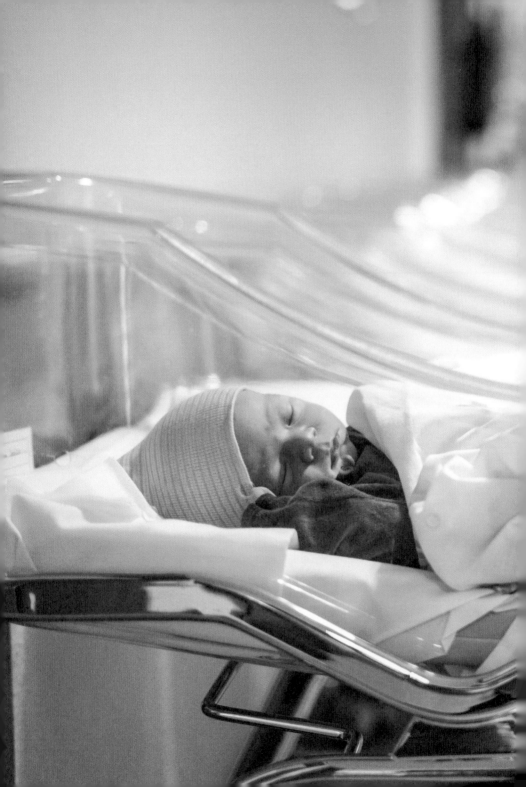

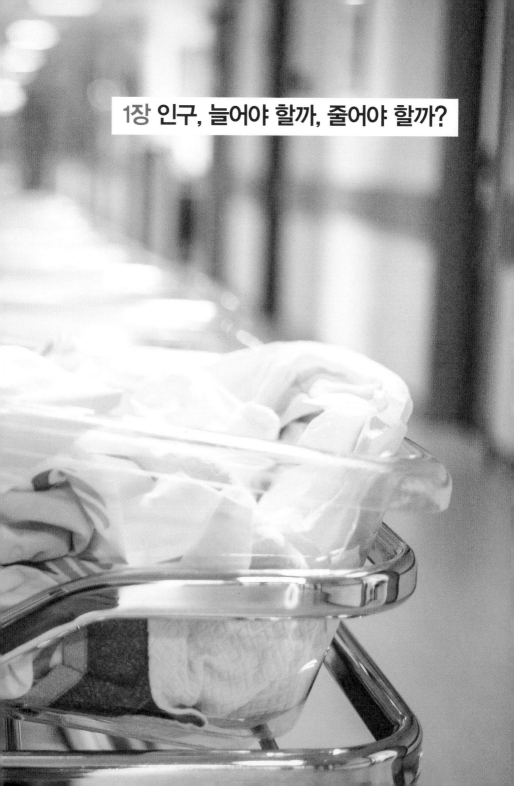

1장 인구, 늘어야 할까, 줄어야 할까?

애니메이션

영화 〈아기 배달부 스토크〉 〈보스 베이비〉를 보면 둘 다 '아기 공장'이 등장합니다. 컨베이어벨트에서 아기가 끊임없이 나오지요. 저출산으로 경제가 잘 돌아가지 않아 극심한 몸살을 앓는 국가라면, 많은 가정에서 아기가 이렇게 빨리빨리 태어나고 일꾼으로 쑥쑥 자라기를 바라지 않을까요? 우리나라는 저출산으로 고심하는 다른 많은 나라보다도 더더욱 골머리를 앓고 있습니다.

전 지구적으로는 어떨까요? 세계 어딘가에서는 지금도 1초에 4명의 아기가 태어나고 있습니다. 오늘날 지구에는 약 76억 명이 살고 있는데요. 지금으로부터 60여 년 전인 1960년에는 현재의 절반도 되지 않는 30억 명이었습니다. 세계 인구가 엄청난 속도로 증가한 것입니다. 이처럼 세계 인구는 여전히 빠른 속도로 늘어나서 걱정이고, 우리나라는 인구, 그중에서도 **생산 가능 인구**가 갈수록 부족해져서 고민입니다. 기저귀 업체 입장에서 생각해 보면, 한국은 수요가 급격히 줄어드니 제품 이용자인 아기들이 많이 태어나는 해외로 눈을 돌려야 하는 상황이지요.

집중탐구 한국의 저조한 출산율

여성 한 명이 평생 낳을 것으로 예상되는 자녀 수를 출산율 또는 합계출산율이라고 합니다. 한국의 합계출산율은 OECD(경제협력개발기구) 주요 36개 회원국 가운데 꼴찌로 떨어지면서 저출산 기조가 가파르게 진행되고 있습니다. 2016년 기준으로 OECD 회원국 가운데 한국의 합계출산율은 1.17명에 불과했습니다. 이는 OECD 평균(1.68명)에도 못 미치는 수준입니다. 합계출산율이 가장 높은 국가는 이스라엘로 3.11명이었습니다. 이어 멕시코(2.18명), 터키(2.11명), 아일랜드(1.91명), 프랑스(1.89명) 등의 순이었습니다.

통계청에 따르면 2017년 출생아 수는 357,800명, 합계출산율은 1.05명으로 집계되었습니다. 2018년에는 출생아 수가 326,900명으로 전년보다도 30,900명(8.6%) 줄면서 합계출산율 0.98명을 기록했습니다. 관련 통계를 내놓은 1970년 이래 처음으로 출생아 수 40만 명 선이 2017년에 무너졌고, 합계출산율 1명 선이 2018년에 무너진 것입니다. 현재 인구를 유지할 수 있는 수준의 출산율을 대체출산율이라고 하는데 세계 평균은 2.3명이고 주요국은 2.1명입니다.

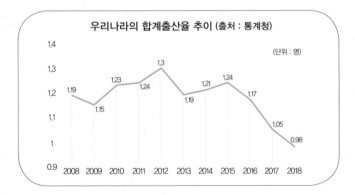

우리나라의 합계출산율 추이 (출처 : 통계청)

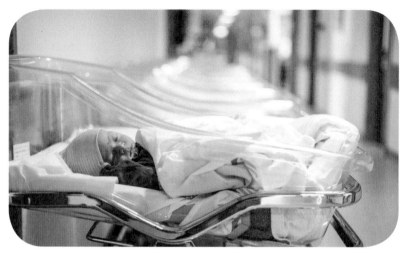

▋ 세계 어딘가에서는 지금도 태어나고 있을 아기

인구 문제의 두 얼굴

그렇다면 "인구가 늘어야 하는가, 줄어야 하는가?"라는 물음에 우리는 뭐라고 답해야 할까요? 전 지구적으로는 식량 공급과 지속 가능한 발전이 보장된다면 인구는 증가해도 되겠지요. 만약 지구 면적당 인구 밀도로 따진다면 인구 증가는 큰 문제가 아닙니다. 하지만 인구가 도시로 몰려서 문제입니다. 우리나라만 해도 서울만 벗어나면 한적하지요. 도시 면적은 지구 면적의 2%밖에 되지 않는데, 전 세계 인구의 절반 이상이 도시에 거주합니다. 도시에 사는 인구가 전 세계 에너지의 78%를 소비하고, 세계 이산화탄소의 70%를 배출합니다. 이처럼 과밀 현상을 빚어내는 극심한 도시화가 지구 온난화의 주범이 되고 있고요.

뭐니 뭐니 해도 인구 증가가 일으키는 가장 심각한 문제는 식량난입니다.

생존과 직결되니까요. 식량을 생산하려면 자연과 자원을 사용해야 하는데 과도한 식량 생산은 환경 오염과 자원 약탈을 초래할 수 있습니다. 세계적으로 인구 문제는 또한 단지 숫자의 문제가 아닙니다. 어느 나라에서는 식량이 넘쳐나서 남은 음식을 버리는데, 어느 나라는 없어서 못 먹습니다. 한 나라 안에서도 그런 현상이 나타납니다. 빈부 격차 때문이지요. 세계적으로 인구 문제를 해결하려면 이러한 빈부 격차를 해소해야 하는 커다란 숙제를 안고 있습니다.

나라별로 살펴보면 어느 나라는 인구가 늘어야 하고, 어느 나라는 인구가 줄어야 합니다. 사회적, 경제적 여건이 국가별로 다르기 때문이지요. 당연히 나라마다 인구 정책이 다를 수밖에 없습니다.

알아 두기

생산 가능 인구

생산 가능 인구는 인구학적인 관점에서는 경제활동이 가능한 만 15세부터 64세까지의 인구를, 노동력의 관점에서는 만 15세 이상 인구 전체를 뜻합니다. 생산 가능 인구는 일할 의사와 능력이 있는 경제 활동 인구와 일할 의사가 없는 **비 경제 활동 인구**로 나뉩니다. 경제 활동 인구는 다시 취업자와 실업자로 나뉘며, 비경제 활동 인구는 주부나 학생, 구직단념자 등이 이에 속합니다. 단, 생산 가능 인구에서 현역군인이나 공익근무요원, 전투경찰, 형이 확정된 교도소 수감자, 외국인 등은 제외됩니다.

인구가 사회에 미치는 영향

인구의 변동 요인으로는 출생, 사망, 이동 3가지가 있습니다. 사회 구성원의 출생, 사망, 이동에 따라 인구가 증가하거나 감소하지요. 또 이 3가지 요인에 따라서 젊은 나라가 되기도 하고, 늙은 나라가 되기도 합니다. 통계청에서 작성하는 장래인구추계는 **인구 주택 총조사**를 기초로 출생, 사망, 이동

알아 두기

베이비붐 세대(Baby Boom Generation)

전쟁이나 극심한 불경기를 겪은 후의 사회적, 경제적 안정기에는 출생률이 급증합니다. 이 시기에 태어난 사람들을 베이비붐 세대라고 부르며, 나라마다 연령대가 다릅니다. 베이비붐이 한번 나타나면 세대를 거듭하면서 제2, 제3의 베이비붐이 생깁니다. 우리나라에서는 1950년 발발한 한국전쟁이 1953년에 휴전되고 나서 1955년에서 1963년 사이에 1차 베이비붐이 불었습니다. 이때 출생률이 높아져 인구가 약 350만 명이나 늘어났지요. 2차 베이비붐 세대는 1968년부터 1974년 사이에 출생한 사람들입니다. 베이비붐 세대들은 고도 경제 성장과 1997년 외환 위기, 그리고 2008년 세계 금융위기를 경제 현장에서 직접 겪은 사람들입니다.

에코붐 세대(Echo Boomers)

베이비붐 세대의 자녀 세대로 일반적으로 1980년대와 1990년대에 태어난 사람들을 가리킵니다. Y세대, 밀레니얼(Millennial) 세대라고도 불립니다. 이들은 대체로 풍족한 환경에서 자라 교육 수준이 높고 유행에 민감하고 쇼핑을 좋아하며, 어려서부터 컴퓨터를 다뤄 최신 IT 기술을 쉽게 활용합니다. 경기 불황과 저성장으로 취업에 어려움을 겪고 있으며, 결혼이나 출산을 미루고 있습니다.

의 장래 수준을 가정해서 인구 변화 추이를 예측하는 것입니다. 이를 토대로 중장기 사회, 경제 정책을 수립합니다. 출생, 사망, 이동 추이에 따라 국가적, 지역적으로 그것이 위험 요인이 되기도 하고 기회 요인이 되기도 합니다.

의학 발달로 100세 장수 시대가 도래한다는 말을 부쩍 많이 듣지요? 수명 또한 인구 변화에 큰 영향을 미칩니다. 다시 말하지만, 인구는 숫자만을 보는 것이 아니라는 점이 중요합니다. 인구에는 세대가 포함됩니다. 예를 들면 베이비붐 세대나 에코붐 세대 같은 것이지요. 이러한 세대의 변화를 잘 고려하여 인구를 읽어야 합니다. 그들이 체감하는 시대적 상황, 그에 관한 인식과 행동 변화 말이에요. 각 세대는 또한 성장합니다. 가족이 각자 성장함에 따라 가정이 달라지듯, 사회 또한 각 세대가 성장함에 따라 변모합니다.

그래서 인구를 단순한 관점으로 헤아려서는 사회 변화를 깊고 넓게 읽거나 미래를 제대로 예측할 수 없습니다. 인구 자체에 정치, 경제, 사회, 문화가 복합적으로 얽혀 있기 때문이지요.

인구론

근대부터 시대별로 인구에 대한 관점이 어떻게 달라졌는지 살펴볼까요? 18세기는 산업혁명으로 인구가 급격하게 증가한 시기입니다. 당시 경제학 분야를 개척한 철학자로 《국부론》의 저자인 애덤 스미스를 비롯한 경제학자들은 인구를 생산의 주요 요인이라고 보았습니다. 인구가 많을수록 부가 더 많이 창출된다고 생각한 것이지요. 그 같은 생각에 반기를 든 사람이 맬서스입니다. 그는 인구와 식량 생산 두 가지에 한정해서 논리를 폈습니다. 맬서스는 "식량은 산술급수적으로 늘어나는 데 비해 인구는 기하급수적으로 늘어난다. 그러므로 인구를 억제하지 않으면 빈곤이 발생한다."라고 주장했습니다. 즉 인구는 1, 2, 4, 8, 16, 32, 64, 128, 256…의 비로 증가하고, 식량은 아무리 생산량을 늘려도 1, 2, 3, 4, 5, 6, 7, 8, 9…의 비로 증가한다는 것입니다. 이러한 맬서스의 주장은 오랫동안 큰 영향을 미쳤습니다.

그러나 20세기 초 1차, 2차 세계대전으로 사회 질서가 무너지고 인구 감소 시대로 접어들었습니다. 당시 경제학자 케인스는 맬서스의 주장과 반대로 "인구 감소는 수요 부족으로 이어져 경제 불황을 일으킨다."라고 경고했지요. 케인스의 예견이 적중하여, 오늘날 한국과 일본, 서유럽 같은 주요국에서는 저출산, 고령화로 잿빛 미래를 전망합니다.

인구와 경제, 둘의 관계는?

인구(人口)는 사전적으로 "일정한 지역에 사는 사람의 수, 어떤 일에 종사하는 사람의 수, 일정한 범주에 속하는 사람의 수" 등을 의미합니다. 도시인구, 어업 인구, 이농 인구 등으로 어디에 어떻게 사용되느냐에 따라 각 인구 집단의 특성을 드러냅니다. 또한, 한자를 보면 입 구(口) 자가 있어서, 인구란 식량을 섭취해야 할 사람들로서 경제활동을 함으로써 생계를 유지해야 하는 존재이기도 합니다.

인구를 노동력이자 먹고살아야 하는 존재라는 관점으로 보았을 때 그 사회의 노동생산성을 따져야 합니다. 노동생산성은 근로자 1인이 일정 기간에 산출하는 생산량 또는 부가가치를 의미합니다. 맬서스는 산업화로 노동생산성이 향상되리라는 것을 간과했기 때문에 예측에 실패했습니다. 다시 말해 맬서스는 농기계 등이 인력을 대신해 수확량을 대폭 늘릴 것이라는 점을 놓친 것이지요. '사람 수가 곧 노동력'이라는 기존 관점에 머물렀기 때문입니다.

하지만 산업혁명 이후 기술 혁신 역시 기하급수적으로 이루어졌기 때문에 인구가 아무리 폭발적으로 증가해도 맬서스의 예측대로 인류가 멸망하진 않았습니다. 특히 자동차, 기차, 비행기와 같은 교통 산업과 인터넷, 전화 등 통신 산업의 발전은 시공간의 제약을 극복하게 해 주었습니다. 교통, 통신 산업은 자국 내 각종 산업을 활성화했을 뿐만 아니라 세계화를 가능케 했습니다.

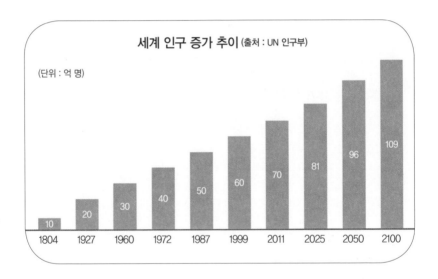

4차 산업혁명과 인구

2019년 현재 지구에는 76억 명이 넘는 사람이 살고 있습니다. 200여 년 전인 1800년경만 해도 불과 10억 명이었습니다. 과학자들은 산업화 없이 지구에서 생존 가능한 '한계 인구'가 10억 명이라고 말합니다. 인간과 소 등 동물의 능력만으로 식량을 생산해야 한다면 10억 명 정도만 지구상에서 먹고살 수 있다는 말입니다.

하지만 증기기관, 전기, 정보통신기술로 대표되는 3차례의 산업혁명을 거치면서 인류는 노동생산성을 획기적으로 끌어올렸고 지구에는 80억 명에 가까운 인구가 살아가게 되었습니다. 현재는 혁신경제의 기반인 정보통신기술(ICT, Information and Communications Technologies)의 융합이 그 핵심인 4차 산업혁명이 진행 중입니다. 인공지능(AI), 로봇 기술, 생명과학이 그 거대한 흐름을 주도하지요.

4차 산업혁명은 진행된 지 오래되지 않았고 아직 본격적으로 그 모습을 드러내지 않았습니다. 그래서 그 미래상을 그려 보기가 여의치 않지요. 기술이 어디까지 발전할지, 그 영향이 어떨지는 차츰 그 윤곽이 드러날 것입니다. 아무튼, 앞으로도 기술은 계속 발전할 것입니다.

그러나 과연 지구가 수용할 수 있는 인구의 한계는 어느 정도일까요? 이는 과학자들이 심각하게 다루는 연구 주제 가운데 하나입니다. 100억 명 전후라는 것이 다수의 의견이지만, 과연 100억 명이 안전하고 쾌적하고 풍요롭게 살 수 있을지의 여부는 매우 복잡한 이야기입니다.

물론 현재 세계적으로 보면 인구수가 과하다고 말할 수 있습니다. 인구가 계속 늘어나고 있는 아프리카 등 가난한 지역의 나라는 오랫동안 식량난을 겪고 있습니다. 지구 온난화로 인한 기상 이변과 가뭄과 폭염 등 자연재해로 식량 생산이 원활하게 이루어지지 않기도 하지요.

4차 산업혁명

2016년을 열며 **세계경제포럼**(WEF, World Economic Forum)은 향후 세계가 직면할 거대한 흐름으로 '4차 산업혁명'이라는 화두를 던졌습니다. 이후 4차 산업혁명이라는 용어가 널리 퍼졌고, 그 양상과 영향에 관해 다양한 논의가 이루어졌습니다. 2016년 3월 알파고(AlphaGo)와 이세돌 간에 세기의 바둑 대결이 있었습니다. 인공지능과 사람의 두뇌 대결은 4차 산업혁명의 단면을 보여 주었지요. 4차 산업혁명은 간단히 말하면 인공지능과 로봇, **사물 인터넷**(IoT), 빅데이터 등을 통해 융합과 혁신을 이루어 내는 것입니다.

클라우스 슈바프 세계경제포럼 회장에 따르면 산업혁명은 다음과 같이 전개되었습니다. 1784년 영국에서 증기기관과 기계화로 대표되는 1차 산업혁명이 시작되었지요. 1870년 전기를 이용한 대량생산이 본격화된 것이 2차 산업혁명입니다. 이후 인터넷이 주도한 컴퓨터 정보화와 자동화 생산 시스템으로 상징되는 3차 산업혁명이 1969년에 일어났습니다.

4차 산업혁명은 세 차례 산업혁명 동안 축적된 기술을 통해 새로운 혁신과 융합이 빛을 발하게 된 것입니다. 로봇이나 인공지능(AI)을 통해 실제와 가상이 통합돼 사물을 자동적, 지능적으로 제어할 수 있는 가상 물리 시스템이 구축되는 것이 특징입니다. 이를 통해 산업상의 일대 변화가 일어나는 것이지요.

인구 변동과 저성장 시대

현재 한국은 주요한 세 가지 변화를 겪고 있습니다. 저성장과 재정난, 인구 문제이지요. 이 중에서 인구 문제가 가장 심각합니다. 저출산과 고령화가 나라의 경제 성장을 막고 재정 부담을 증가시켜 재정 악화를 초래하니까요. 그런데 경제는 먹고사는 문제라서 피부로 금방 와 닿고, 국가 재정은 매년 발표되어 쉽게 확인되지만, 인구 변동은 아주 천천히 일어나기 때문에 사람들이 쉽게 체감하지 못합니다. 아무리 통계치를 말해도 당장 큰 변화가 나타나는 것이 아니기 때문이겠지요. 그러나 이제 우리는 인구 문제의 영향권에 본격적으로 접어들었습니다. 2017년을 기점으로 생산 가능 인구가 감소세로 접어들었기 때문에 그 여파가 전 사회에 불어닥칠 것입니다.

기술 혁신이 이루어진다고 해서 경제가 계속 크게 성장하는 것은 아닙니다. 우리는 이 점에 주목해야 합니다. 세계는 2008년 세계 금융위기 이후 저성장 국면으로 접어들었습니다. 그 와중에 저출산, 고령화로 위기를 맞은 나라가 적지 않습니다.

저출산과 고령화는 왜 사회에 위기를 초래할까요? 인구는 곧 생산과 소비의 주체이기 때문입니다. 생산과 소비가 왕성하게 이루어져야 경제 규모가 커집니다. 재화, 노동, 금융, 부동산 등 인구는 어디에도 영향을 미치지 않는 것이 없습니다. 이 모든 시장의 규모와 특성, 향방을 결정하는 것이 다름 아닌 인구입니다. 그래서 경제를 분석하고 예측할 때 인구학적 관점을 충실하게 동원해야 합니다.

작은 슈퍼마켓에서 물건을 구매하던 과거와 달리 대형 할인점이 하나둘 들어서더니 이제는 도시 곳곳에 자리를 잡았습니다. 소비자 대부분이 카트를 끌며 대형 할인점에서 물건을 삽니다. 대형 할인점에 가 보면 그야말로 물건 천지입니다. 다양한 제품이 시선을 끌지요. 온라인 쇼핑몰도 엄청나게 성장했습니다. 재화 시장이 그만큼 성장했다는 것입니다.

하지만 인구가 줄어들면 어떨까요? 물건 만들 사람, 물건 살 사람이 줄어드는 셈입니다. 자유경쟁 시장에서는 수요와 공급 간의 관계가 가격과 생

▌ 인구 변동에 따라 대형 할인점의 존폐도 달라질 수 있다.

산량을 결정하지요. 수요가 줄어들면 가격과 생산량이 떨어질 수밖에 없습니다. 간단히 말하면 시장이 작아지는 것입니다. 대형 할인점에서는 물건을 적게 들여놓을 테고, 인구가 확연히 줄어드는 곳에서는 폐점할 수도 있겠지요. 시장 규모가 작아지면 경제성장률은 떨어질 수밖에 없고요. 인구가 계속 줄어들면 유지 및 유통 비용이 적게 드는 온라인 쇼핑몰이 살아남을 확률이 높을 것입니다.

알아 두기

경제성장률
일정 기간 경제활동으로 만들어 낸 부가가치가 전년보다 얼마나 증가했는지를 살펴보기 위한 지표입니다. 한 나라의 경제 성과를 측정하는 척도로 삼습니다.

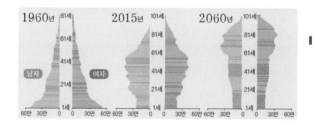

인구 연령 구조가 항아리형에서 역피라미드형으로 변하고 있다.

인구 연령 구조에 따른 전망

우리는 특히 인구 연령 구조 변화를 잘 살펴야 합니다. 한국은 출산율이 급감하고 고령화가 급속하게 진행되는 두 가지 현상이 동시에 일어나고 있습니다. 청년은 줄어들고, 노인은 늘어나는 것입니다. 청년기는 생산을 왕성하게 하는 시기예요. 청년이 나이 들어 중년이 되면서 소비가 커지는 것이 일반적입니다. 반면에 노년기는 생산은 거의 하지 않고, 크지는 않지만 소비 위주로 살아가는 시기입니다. 사회복지 혜택을 많이 받기도 합니다. 국가 입장

알아 두기

잠재성장률

한 나라 안에 존재하는 노동력, 자본 등 모든 생산요소를 최대한 활용했다고 가정할 때 물가 상승을 유발하지 않고 달성할 수 있는 최대의 경제성장률을 뜻합니다. 보유한 자원을 최대한 활용해 얻을 수 있는 최대의 성장치라고 할 수 있습니다. 잠재성장률은 공식적으로 발표되지는 않지만, 경제의 적정 성장 목표 설정 등 거시경제 정책에 이용되기도 합니다.

인구	5177만 8544명 (전년 대비 0.2% ▲)
가구당 인구 수	2.39명 (전년 대비 0.04명 ▼)
평균 연령	41.5세 (전년 대비 0.5세 ▲)
가장 많은 연령	46세 (1971년생)
공무원	104만 8831명 (지방공무원 31만 6853명)
지방세	80조 4000억 원 (전년 대비 4조 9000억 원 ▲)

▌ 2017년 말 기준의 우리나라 (출처 : 행정안전부)

2018년 대한민국 주민등록 인구는 5,177만여 명입니다. 출생연도를 기준으로 인구를 분류하면 1971년생이 94만여 명으로 가장 많습니다. 1971년생 돼지띠는 일명 '철수와 영희' 세대로도 불립니다. 철수와 영희는 1970년대에 각각 남녀 어린이 이름으로 많이 쓰였고, 초등학교 교과서에도 등장했습니다.

'철수와 영희' 세대는 1970년대 초반 2차 베이비붐 시기에 태어나 오전 반과 오후 반으로 나뉜 2부제 초등학교에 다녔고 대입학력고사를 치렀습니다. 1990년대 고도성장의 과실과 외환 위기 이후 구조조정의 고통을 함께 경험했지요.

대한민국 인구의 평균 연령은 41.5세로 해마다 0.5세씩 늘어 가고 있습니다. 시·도별 평균 연령이 가장 낮은 지역은 세종시, 가장 높은 지역은 전라남도로 나타났습니다.

에서 청년은 투자가 필요한 대상이고, 노인은 복지가 필요한 대상입니다.

인구의 연령 구조가 바뀌면 노동 시장도 그에 따라 변할 수밖에 없습니다. 우리나라 노동 시장의 전망은 밝지 않습니다. 통계청이 발표한 '2018 고령자 통계'에 따르면 2060년에는 생산 가능 인구 1.2명이 노인 1명을 부양해야 합니다. 2018년에는 생산 가능 인구 5명이 고령 인구 1명을 부양하면 되는데, 앞으로 40여 년 후에는 그 부담이 4배로 뛰는 것입니다.

현재 우리나라는 경제 활동 인구가 줄어드는 것을 크게 우려하고 있습니다. 출산율이 세계 224개국 중 하위 20개국 안에 들 정도로 심각하기 때문입니다. 지방뿐 아니라 서울에서도 입학생이 줄어들어 초등학교를 통폐합한다는 이야기가 들립니다. 학생이 많아서 초등학교 수업을 오전 반, 오후 반으

집중탐구 **대한민국의 미래 전망**

현재 추세가 지속한다면 5,000만 명이 넘었던 대한민국의 인구는 2100년에 반 토막이 날 것으로 예측됩니다. 사이먼 뱁티스트 이코노미스트 인텔리전스 유닛(EIU)의 수석 이코노미스트는 한국이 **노동 인구** 감소로 국내총생산(GDP) 기준 경제 규모가 2050년에는 10위권 밖으로 밀려난다고 전망하였습니다. 그는 한국이 최근까지 3.5~4%대 성장을 기록했지만, 2030년까지는 연 2%대로 둔화하고, 2050년까지는 1%대 성장에 그칠 것으로 내다봤습니다. 한국은 지금까지 노동 인구 증가가 성장 동력으로 작용했지만, 앞으로는 노동 인구가 줄어들어 이를 기대하기 어렵다는 것입니다.

로 나누어 진행했던 시절을 생각하면 그야말로 격세지감이지요. 국회 예산 정책처에 따르면 지금처럼 저출산, 고령화 추세가 이어지면 2033년 국가 재정 파산 위기가 오고, 2060년에는 잠재성장률이 0.8%로 떨어진다고 합니다.

인구 대책의 필요성

인구는 움직이는 변수라고 보면 됩니다. 인구의 움직임은 현재를 이야기해 줄 뿐 아니라, 미래를 내다볼 수 있게 해 줍니다. 인구를 통해 나라의 경제를 살펴볼 수 있는 자료는 이미 충분히 나와 있습니다. 통계청에서 2060년까지 대한민국 인구 변동에 관해 **추계** 작업을 해 놓았거든요.

한 인간이 나이가 들고 성장하는 것처럼 인구도 마찬가지입니다. 나라의 경제를 잘 돌아가게 하려면 이러한 인구의 변화를 잘 읽어야 합니다. 우리나라는 수출 비중이 크지만, 만약 내수로 나라 경제를 지탱하는 국가라면 인구 변동이 경제에 미치는 영향이 어마어마하겠지요. 물론 우리나라는 대기업을 제외하고는 중소기업 대부분이 내수를 기반으로 한다는 점을 생각하면 인구 변동은 결코 간단한 문제가 아닙니다.

우리나라의 굵직한 인구 변동은 이미 2000년대 초반부터 시작되었습니다. 2002년 들어 출생 인구가 갑자기 줄어들었지요. 앞으로 우리 사회를 책임질 15~29세 청년 인구 65만여 명이 지난 10년 동안 줄었습니다. 이 정도 인구면 서울의 종로구, 중구, 서대문구가 한꺼번에 사라진 것과 마찬가지라고 하니 엄청난 숫자입니다. 대한민국 역사상 이렇게 청년 인구가 줄어든 적이 없었습니다.

그런데도 우리 사회는 위기의식이 부족했습니다. 1997년에 한국을 위기로 몰아넣은 외환 위기를 극복하느라 정신이 없기도 했거든요. 그러나 이제 다각적, 장기적으로 인구 변동을 고려하지 않으면 우리 경제는 회복하기 힘든 타격을 받을 수 있습니다. 중요한 것은 인구 변동의 의미를 면밀히 파악하는 것이지요. 그리고 그것에 맞게 준비하는 것입니다.

여기서 잠깐! 사회 변화는 단지 인구 변동뿐 아니라 다양한 원인으로 이루어집니다. 그래서 저출산과 고령화가 반드시 생산과 소비를 감소시켜 경제를 위축시킨다고 단정 지을 수는 없습니다. 최근까지만 해도, 아니 여전히 이런 식의 논의가 있습니다. 하지만 이러한 접근으로는 현실을 명확하게 파악하고 미래를 적절하게 대비하는 데에 한계가 많습니다.

간추려 보기

- 사회적, 경제적 여건이 국가별로 다르므로, 나라마다 인구 정책이 다를 수밖에 없다.
- 우리나라는 저성장과 재정난, 인구 문제를 겪고 있다. 이 중 저성장과 재정난을 가중하는 인구 문제가 가장 심각하다.
- 저출산과 고령화로 인한 인구 연령 구조의 변화를 잘 살펴야 한다. 경제 활동 인구의 변동과 직결되기 때문이다.

2장 인구 변동의 대표적인 현상

2018년 기준으로 세계 인구는 약 76억 명입니다. 앞으로 30년 정도 후인 2050년만 돼도 세계 인구는 100억 명으로 늘어날 것으로 전망됩니다. 전 세계적으로는 인구 증가 그리고 부유한 나라와 가난한 나라 사이의 빈부 격차가 문제시됩니다. 하지만 주요국들로 눈길로 돌려 보면 관심사가 달라집니다. 1970년 이후로 서구 주요국에서부터 저출산과 고령화 현상이 나타났습니다. 현재 많은 나라의 국가적 과제이지요. 특히 최근 한국을 비롯한 아시아 국가의 저출산 현상이 심각합니다.

알아 두기

고령화 사회, 고령사회, 초고령사회

유엔에서 정한 기준에 따르면 '노인'이란 65세 이상을 말하며 고령화 사회, 고령사회, 초고령사회를 나누는 기준은 다음과 같습니다.

- 고령화 사회(aging society): 총인구 중 65세 이상 인구가 차지하는 비율이 7% 이상
- 고령사회(aged society): 총인구 중 65세 이상 인구가 차지하는 비율이 14% 이상
- 초고령사회(super-aged society): 총인구 중 65세 이상 인구가 차지하는 비율이 20% 이상

계속해서 가속화되고 있지요. 전 세계적으로는 의료 기술이 발전하고 생활과 보건 수준이 나아지면서 평균 수명이 빠르게 올라가는 추세입니다.

세계적인 고령화

유엔이 2015년에 발표한 세계 고령화율 향후 추이를 보면 이미 고령화가 진행 중인 주요국뿐 아니라 개발도상국에서도 고령화가 빠르게 나타날 것으로 전망됩니다. 이제 고령화는 인류가 새롭게 맞닥뜨릴 어렵고 중대한 과제가 될 것입니다. 유럽은 이미 20세기 후반부터 고령화가 시작되어 초고령사회 진입을 눈앞에 두고 있어요. 일본은 이미 고령화율이 20%를 넘어 세계 최초로 초고령사회에 진입했습니다. 한국은 일본의 추세를 따라가는 모양새입니다. 한국은 2000년에 노인 인구가 전체 인구의 7%를 넘어서면서 고령화 사회에 진입했으며, 그로부터 17년 만인 2017년에 노인 인구가 전체 인구의 14%를 넘어 고령사회에 들어섰습니다. 통계청은 한국이 초고령사회로 진입하는 시점을 2025년으로 예상했어요. 고령사회에서 초고령사회로의 이행에 8년이 걸릴 것으로 예상하는 셈이니, 12년이 걸린 세계 최고 고령 국가 일본보다도 속도가 빠릅니다.

저출산과 고령화가 왜 심각한 문제냐면 젊은이는 줄어드는데 부양해야 할 노인은 많아지기 때문입니다. 노인을 사회가 부양하려면 더 많이 일하고 더 많이 지원해 주어야 합니다. 그러려면 청년과 중년에 지워지는 짐이 커질 수밖에 없지요. 고령화가 본격화되면서 노인들을 부양할 간병인 등 직업인들 또한 양성되어야 합니다. 이는 사회 전체적으로 큰 변화이기 때문에 정책 방향을 그에 맞춰야 하지요. 우리는 이미 고령화의 여파를 피부로 느끼고 있습니다. 드라마 주인공 중에 부모 역할로 나오는 인물에게 초점이 맞춰지거나 〈불타는 청춘〉〈꽃보다 할배〉 같은 방송 예능 프로그램에서 중년과 노년을 내세우는 것을 보면 알 수 있습니다. 시청률을 중시하는 방송사에서 그 같은 프로그램을 다룬다는 것은 그만큼 사회 분위기가 바뀌었음을 방증하는 것이겠지요. 일본은 치매, 간병, 상속이 사회적으로 도마 위에 올라 있는데 우리도 이제 그 같은 분위기에 접어든 셈입니다.

▌ 우리는 이미 고령화의 여파를 피부로 느끼고 있다.

장기적이어야 할 인구 정책

교육은 백년대계(百年大計)라는 말을 들어 보았지요? 교육 정책의 효과가 당장 나타나는 것은 아니지만, 나라의 미래를 위해 장기적인 안목을 가지고 교육 정책을 연구하고 투자해야 합니다. 인구 정책도 마찬가지입니다.

인류 역사상 최초의 제국이자 한때 최대의 제국이었던 로마가 왜 몰락했

느지를 사람들은 무척 궁금해하지요. 18세기 영국의 역사가로 《로마 제국 쇠망사》의 저자인 에드워드 기번은 인구 감소를 로마 제국 몰락의 한 요인으로 꼽았습니다. 로마 제국은 물론 인구의 중요성을 알고 있었습니다. 경제를 성장시키고 국력을 강화하는 데 인구가 지대한 역할을 한다는 것을 알았기 때문에 역사상 가장 강력한 인구 정책을 폈답니다. 바로 독신세입니다. 20~60세의 독신 남성과 20~50세의 독신 여성에게 세금을 부과한 것입니다. 이렇게 과하다 싶을 만큼 결혼과 출산을 독려했지만, 인구 감소를 막을 수 없었습니다.

인구 정책은 적기에 이루어져야 합니다. 인구 변화라는 것이 장기간에 걸

알아 두기

일본의 잃어버린 20년

일본의 경기 침체가 1991년부터 20여 년 동안 이어진 것을 일컫는 용어입니다. 제2차 세계대전 이후 경이적으로 성장한 일본 경제는 1990년대 추락한 이후 20년 이상 불황이 지속하다가 최근에야 경제가 조금씩 살아나기 시작했습니다. 1991년부터 일본 경제의 거품이 꺼지면서 경기가 침체하고, 이후 정부의 여러 정책에도 2001년까지 경제성장률이 평균 1.1%에 그치는 등 유례없는 장기 침체가 지속하여 이 시기를 '잃어버린 10년'으로 불렀습니다. 이후 2000년대 중반부터 일본 경제의 반등이 기대되었으나, 침체가 계속 이어지자 '잃어버린 20년'으로 바꿔 불렀습니다. 일본은 '부동산 거품 붕괴 → 은행 부실 누적 → 대출 기피 → 기업·가계 부도 → 자산 가격 하락'으로 장기 불황의 늪에서 벗어나지 못했습니다.

쳐 나타나기 때문이지요. 인내심과 결단력이 동시에 요구되는 일입니다. 당장 눈앞에 성과가 나타나지 않더라도 과감하게 투자하고 그 결실을 기다릴 줄 알아야 합니다. 일본은 인구 정책의 타이밍을 놓쳐 버린 대표적인 국가로 꼽힙니다. 일본은 저출산과 고령화로 심각한 몸살을 앓고 있지요.

일본의 인구 정책

물론 일본이 두 손을 놓고 있었던 것은 아닙니다. 2009년 총선 당시 민주당은 소득 제한 없는 어린이 수당 등 미래 세대 복지를 위한 공약을 전면에 내세웠습니다. 결혼할 엄두를 내기조차 힘들 정도로 살기 어려웠던 청년들의 지지를 기반으로 민주당은 정권 교체에 성공했습니다. 하지만 그 같은 개혁 의지는 사그라졌지요. 재정 부족을 이유로 공약을 대폭 수정했거든요.

청년 세대를 위해 복지 정책을 펼치자는 이야기는 일본에서 1990년대부터 이미 있었습니다. 하지만 정치인들은 수적으로 많고 투표율이 높은 고령자를 우선시하는 정책을 폈고 경제 불황은 해결되지 않았지요. 불황이 계속되자 저출산 현상이 심화하고, 저출산은 또다시 불황을 심화시켰습니다. 일본은 인구 정책의 타이밍을 놓쳤고 장기 불황의 길을 걸었습니다.

최근에 일본 정부는 저출산과 고령화의 심각성을 절감하고 일본의 인구가 최소한 1억 명은 되어야 한다고 강조하고 있습니다. 청년이 줄어들면 사회가 유지되고 경제가 성장하는 데 엄청난 장애가 된다는 것을 뒤늦게 깨달은 것입니다. 그러면 일본과 비슷한 모습으로 저출산과 고령화를 겪고 있는 우리나라는 시의적절하게 인구 정책을 시행하고 있을까요? 인구 정책을 펼치려면 인구 변동의 대표적인 현상부터 살펴봐야겠지요.

도시화와 지방 소멸

인터넷에 '인구'라고 기사를 검색하면 지방자치단체에서 인구 문제를 해소하기 위해 이모저모로 노력한다는 기사 일색입니다. 저출산 시대를 맞아 전국의 지방자치단체들이 인구 늘리기에 안간힘을 쏟고 있거든요. 일부 지자체는 출산 장려금을 기존 대비 최고 6배까지 올리는 극약 처방을 마련하는 등 한 명이라도 더 낳게 하기 위해 그야말로 총력을 기울이고 있습니다.

특히 지방 중소도시는 젊은 인구가 엄청나게 빠른 속도로 사라지고 있습니다. 나라 전체 인구가 줄어들고 있는데 젊은이들은 계속 지방을 등지고 도시를 향해 떠나거든요. 심각한 국토 불균형이 초래되는 것이지요. 아이는 낳지 않는데 그나마 남아 있던 젊은이들마저 지방을 떠나니 '지방 소멸'이라는 암울한 표현까지 등장했습니다.

▌ 인프라와 인구가 모두 수도권으로 집중되고 있다.

2015년 인구 총조사에 따르면 전국 도시 인구는 전체 인구의 82%를 차지합니다. 생산 연령의 주축인 20~54세의 85%가 도시에 삽니다. 농어촌 등 다른 지역에 사는 20~54세는 15%에 불과하다는 이야기입니다. 말은 제주로 보내고 사람은 서울로 보내라는 말처럼 서울은 여전히 수많은 사람에게 희망의 도시입니다. 특히 15~24세 청년 인구에게는 더더욱 그렇습니다. 학령기 막바지가 될수록 취업을 위해 청년들은 서울을 지향합니다.

수도권으로 집중되는 인구

그런데 정확하게 말하면 서울이 아니라 수도권으로 인구가 몰려들고 있습니다. 인천을 포함한 경기 권역은 고향을 떠난 지방 인구와 서울 인구를 흡수하고 있습니다. 수도권은 전체 국토의 11.8%에 지나지 않는데 전체 인구의 절반이 서울을 포함한 수도권에 거주하지요. 한국 사람 2명 중 1명이 수도권 거주자라는 말입니다. 1980년만 해도 지방 인구가 64.5%로 수도권 인구 35.5%에 비해 2배 가까이 많았습니다. 우리나라의 수도권 인구 밀도는 세계 최고 수준입니다.

그렇다면 왜 경기도로 사람들이 모여들까요? 한마디로 서울이 살기 힘들기 때문입니다. 주거, 교통, 환경 등 생활 수준이 여의치 않거든요. 부동산 가격과 물가는 올라가는데 수입은 잘 올라가지 않으니 서울살이는 팍팍할 수밖에 없습니다. 그런데도 서울을 떠나는 결정을 쉽게 내릴 수 없습니다. 특히 직업과 교육 때문인데요. 국내 상장기업의 72%가 수도권에 집중되어 있습니다. 시가총액으로는 86%입니다. 서울에 소재한 이른바 '인서울 대학'에 입성하려면 서울에 있는 학교와 학원에서 공부해야 유리합니다. 요컨대 입사와 입시를 위해서는 서울행이 불가피한 셈입니다. 그러나 서울에 있는 대학과 회사에 들어가더라도 거기서 끝이 아닙니다. 주거비와 생활비가 만만치 않지요. 유지가 힘듭니다. 저성장으로 인해 기업들이 경비를 절감하고자 투자를 덜 하고 일자리를 줄이면, 고용이 불안해져서 근로소득으로 서울살이를 지속하기가 더욱더 힘들어질 것입니다.

그런데도 청년 인구는 교육과 취업을 목적으로 서울로 몰려듭니다. 노년 인구 역시 지방으로부터 눈길을 돌린다는 사실에 유념해야 합니다. 나이 들어 몸이 아픈데 농촌에서 생활하기란 여간 어렵지가 않습니다. 특히 농촌은

집중탐구 **팍팍한 서울살이**

서울살이는 그야말로 녹록지 않습니다. 서울시의 '2018 서울서베이 사회상 조사 결과'에 따르면 서울시민의 절반은 주거비를 마련하기 위해 빚을 지고 있습니다. 주택 점유 형태를 보면 자가 42%, 월세 31%, 전세 26% 순으로, 10년 전보다 자가 비율은 3% 줄고, 월세 비중이 11% 증가했습니다. 1~2인 가구가 절반을 넘습니다. 서울 집값은 이미 엄청나게 올랐고, 쉽게 떨어지지 않을 것입니다. 서울이 아니면 일하면서 생계를 이어 갈 수 있는 곳이 거의 없기 때문입니다. 부동산 수요가 줄지 않는 한 부동산 가격은 쉽게 하락하지 않을 것입니다. 이는 한국의 문제만은 아닙니다. 미국과 유럽의 거대도시(보통 인구 100만 명 이상의 도시를 말함) 역시 주거 비용이 상당합니다. 집값 높기로 악명 높은 영국에서는 저임금 노동자들이 캠핑카에서 살기도 합니다. 방 한 칸에 70만 원이 넘는 월세를 감당할 수 없기 때문입니다.

의료 시설이 턱없이 부족합니다. 형편이 허락된다면 노년 인구 역시 서울에 남거나, 은퇴 후 지방행을 택했다가 다시 서울로 돌아올 수 있습니다. 이렇게 서울의 주거 수요가 탄탄할수록 서울의 집값과 물가는 좀처럼 떨어지지 않을 것입니다. 또한, 시간이 지날수록 서울은 고령화될 확률이 높습니다. 먹고살기 힘들어진 청년 인구는 경기도 권역으로 밀려 나가고 금전적 여력이 뒷받침되는 노년 인구는 서울에 남기 때문이지요.

전세, 월세 대란으로 수많은 사람이 서울을 떠났습니다. 2000년대까지만 해도 서울 인구 감소세는 완만했는데 부동산 가격 폭등으로 양상이 달라졌습니다. 2040 세대를 중심으로 부동산 가격이 더 싼 곳을 찾아 서울을 떠난 것입니다. 이렇게 한 번 떠나면 다시 서울로 돌아가기가 어렵습니다. 그래서 수도권으로 인구가 급격하게 몰려들고 있습니다. 이러한 현상은 '일은 서울에서, 집은 경기에서'라는 상징적 모토까지 만들어 냈습니다. 불편한 교통수단과 긴 출퇴근 시간 때문에 하루하루를 가족들을 위해 버텨 내는 심정으로 직장에 다니는 경기도민들이 많습니다.

일본에는 '서비스 부가 고령자 주택'이라는 노인 주거 전용 주택이 있습니다. 이러한 주택은 도쿄 등 수도권에 많이 몰려 있습니다. 일본 후생성 통계에 따르면 75세 이상 일본 노년 인구의 도시 유입은 도쿄의 경우 2010년 123만여 명에서 2025년 197만여 명으로 증가할 것으로 전망합니다. 결국, 도시의 고령화가 큰 사회 문제가 될 것입니다. 노년 인구의 의료와 간병 서비스를 사회가 적절하게 제공해 줄 수 있느냐가 관건이 되겠지요.

지방 중소도시의 위기

이미 한국의 지방 중소도시 인구는 위험한 단계까지 왔습니다. 아직 지역 상권이 유지되고는 있지만, 백화점과 대형 할인점들은 지방에 새로 지점을 내지 않고 있습니다. 2025년부터는 지방 도시가 위기를 맞을 것으로 보입니다. 2025년은 우리나라 인구가 정점을 찍고 이후 서서히 줄어들기 시작하는 **변곡점**이거든요. 지방 대학 운영이 어려워지면서 주변 상권도 타격을 입을 수밖에 없습니다. 이렇게 되면 유통업체들은 지방에서 철수를 결정할 것이며, 지방 생활이 더 불편해져 지역을 떠나는 젊은이들이 속출하는 악순환이 벌어질 수 있습니다.

오늘날의 도시화는 그냥 사람들이 도시로 몰려든다는 정도로 표현할 수 없습니다. 농어촌에서 도시로, 중소도시에서 대도시로 이동하는 현상이 더욱더 심화하고 있습니다. 20~49세 인구의 58%가 수도권과 부산에 거주합니다. 그중에서도 대학 졸업 후 첫 직장에 다니게 된 인구가 도시로 몰려드는 현상이 두드러집니다. 25~34세 전체 인구 중 수도권과 부산에 거주하는 비

집중탐구 아기 울음소리가 들리지 않아요

2017년 행정자치부의 주민등록 인구통계에 따르면 전국 3,502개 읍면동 가운데 2017년에 아기가 한 명도 태어나지 않은 읍면동은 17곳이었습니다. 1년 동안 딱 한 명 태어난 읍면동은 45곳이었지요. 전국 읍면동 10곳 중 1곳은 출생아가 5명 이하입니다. 저출산과 도시 집중화가 낳은 결과입니다.

율이 61%이며 특히 서울에만 23%가 살고 있습니다. 청년 인구 4명 중 1명이 서울에 사는 것입니다. 이들은 나이가 들어서도 서울에 남을 가능성이 크겠지요. 특히 지방 중소도시의 젊은 인구가 급속도로 빠져나가고 있습니다. 이는 지방 중소도시 인구의 평균 연령을 높이는 결과를 초래합니다. 인구가 감소하는 와중에 지방 중소도시는 늙어 가는 것이지요.

가구 축소

'나홀로족'이라는 말을 들어 보았나요? 혼자 밥 먹으면 '혼밥', 혼자 여행 가면 '혼여', 혼자 영화 보면 '혼영'이라고 하는데, 이제는 하나의 문화로 자리 잡고 있습니다. 혼자 생활하면 외로울 텐데 왜 이렇게 예전과 달리 혼자 지내게 되었을까요?

바로 가구가 축소되었기 때문입니다. 가구 축소의 상징적인 현상이 바로 1인 가구의 급증입니다. 가구원이 줄어들었지요. 가구 구성원이 줄어들면서 가구 수는 늘어났고요. 주요국들을 보면 보통 1인 가구가 늘어났습니다. 대부분 천천히 증가했어요. 하지만 우리나라는 최근 확 늘어났습니다. 그래서 1인 가구에 더욱더 주목해야 합니다.

한국은 본래 4인 가구를 가정의 표준처럼 여겼습니다. 2000년에 조사했을 때만 해도 가구 중에 4인 가구의 비중이 제일 높았습니다. 가구원 숫자로 따지면 4인, 3인, 2인, 1인 가구 순이었어요. 2015년, 그 순서는 거꾸로 되었습니다. 한 집에 몇 명이 사는지를 나타내는 평균 가구원 수도 2015년 2.5명으로 줄었습니다. 4명은 고사하고 3명도 안 되는 수치지요.

서울시만 살펴보면 2000년 서울시 전체 가구 중 4인 가구 비중이 32%였는데 2010년에 20%가 되었습니다. 2017년 통계청의 추계에 따르면 2020년 서울시의 4인 가구는 15%, 2025년에는 12%가 될 것으로 전망됩니다. 2025년이면 10가구 중 1가구만이 4인 가구라는 셈이지요.

집중탐구 **독거노인 가구와 1인 청년 가구**

급증하는 1인 가구 중에서 우리가 눈여겨보아야 할 가구가 있습니다. 바로 독거노인 가구와 1인 청년 가구입니다. 홀로 식사조차 챙기기 어려운 독거노인과 편의점 음식으로 세 끼를 때우는 청년은 한국이 지원해야 할 대표적인 인구로 지목됩니다.

보건복지부의 '노인 실태 조사'에 따르면 전체 독거노인 수는 2005년 77만 명에서 10년 만인 2015년 137만 명으로 두 배 가까이 늘었습니다. 짐이 된다는 이유로 가족과 따로 사는 노인이 많습니다. 가족과 함께 사는

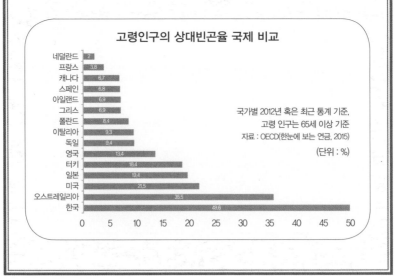

고령인구의 상대빈곤율 국제 비교

국가	상대빈곤율(%)
네덜란드	2
프랑스	3.8
캐나다	6.7
스페인	6.8
아일랜드	6.9
그리스	6.9
폴란드	8.4
이탈리아	9.3
독일	9.4
영국	13.4
터키	18.4
일본	19.4
미국	21.5
오스트레일리아	35.5
한국	49.6

국가별 2012년 혹은 최근 통계 기준, 고령 인구는 65세 이상 기준
자료 : OECD(한눈에 보는 연금, 2015)
(단위 : %)

노인은 전체의 10%에 지나지 않습니다.

2016년 통계청 조사에 따르면 '서울 지역 지하·옥탑방 거주 청년'은 약 50만 명으로 서울 청년 인구의 21.6%로 나타났습니다. '서울 1인 청년 가구 주거 빈곤율'은 36.3%로 조사되었습니다.

김영정 서울여성가족재단 가족정책실 연구위원은 "남녀의 현저한 평균 수명 차이에 따라 배우자와 사별로 형성된 노년 1인 가구, 취업난과 저임금·**비정규직** 문제로 인한 청년 1인 가구 등 1인 가구는 사회·환경적 요인으로 형성된다."라고 설명했습니다. 그러면서 "그러나 실업 등으로 경제력을 상실할 경우 보완해줄 다른 가구 구성원이 없어 타격이 크다. 경제적으로 취약할 수밖에 없다."라고 우려했습니다.

1인 가구의 급증

통계청은 2025년에 1인 가구의 비중이 32%, 2035년에는 35%까지 증가할 것으로 내다봤습니다. 최근 추세를 고려하면 훨씬 높아질 수 있습니다.

1인 가구는 왜 이처럼 급증했을까요? 저출산과 만혼, 비혼 때문입니다. 그런데 결혼과 무관하게 혼자 사는 사람들을 우리는 간과하지 말아야 합니다. 특히 50대 이상 연령대를 주목해야 합니다. 최근 50대 1인 가구 비중이 크게 늘고 있습니다. 2015년 기준 50~54세 가구주 중 혼자 사는 사람은 19%, 55~59세는 20%나 됩니다. 50대 가구주 5명 중 1명이 혼자 사는 것입니다. 2005년에 이 비율은 12%였습니다.

혼자 사는 50대 가구주는 비율만 늘어난 것이 아니라 절대적인 숫자도 무척 증가했습니다. 2005년 약 19만 명이었던 50~54세 1인 가구주는 2015년 약

43만 명으로 2배 이상 늘었습니다. 55~59세도 2005년 약 18만 명에서 2015년 48만 명으로 3배 가까이 증가했지요. 추이를 보건대 2020년 조사에서는 이 수치가 더 늘어날 것입니다. 지금까지 한 번도 고려되지 않았던 '신 인구 집단'이 등장하는 것입니다.

전문가 의견

다양한 실태 조사와 사회 보장 정보 시스템 등 사회 보장 빅데이터를 기반으로 1인 취약가구 유형별 특성과 위험 요인을 분석하고, 어느 지역에 집중적으로 거주하는지 파악해 정책 지원에 활용해야 한다.

– 최현수 한국보건사회연구원 사회보장통계센터장

가구 축소와 경제

4인 가구가 급감하고 1인 가구가 급증하는 현상은 우리 경제에 지대한 변화를 초래합니다. 여태껏 우리 사회는 3인 이상 가족을 사회의 기본 단위로 여겨 왔지요. 특히 시장에서는 3인 이상 가구가 소비의 중요한 주체였습니다. 단적인 예로 부동산 시장의 경우 2000년 이후 서울을 중심으로 방 3개 이상인 중대형 아파트 가격이 급상승했습니다. 2000~2009년 재개발, 재건축을 통해 공급된 중대형 아파트 비중이 200% 이상 증가했습니다. 하지만 4인 이상 가구 수가 급감하면 당연히 중대형 아파트의 수요 역시 떨어질 수밖에 없겠지요. 서울의 아파트 지형이 바뀔 것입니다.

유통 시장도 영향을 받습니다. 1990년대 말에 자리 잡은 대형 할인점은 2000년대 들어 급성장했습니다. 많은 사람이 주말이면 가족과 함께 대형 할인점을 방문해 일주일 치 음식과 물품을 구매하고 여가를 보냈습니다. 하지만 1~2인 가구는 굳이 대형 할인점에 갈 필요가 없겠지요. 온라인 쇼핑 시장이 급성장한 이유입니다. 통계청에 따르면 2017년 국내 온라인 쇼핑 시장 규모는 78조 2,273억 원입니다. 1인 가구라 하더라도 생필품은 구매해야 하는데, 이러한 수요가 늘어남에 따라 값싸고 질 좋은 생필품을 판매하는 '다이

집중탐구 　가족제의 변화

한국은 1970~1980년대 산업화가 진행되면서 대가족제도가 해체되고 핵가족 시대를 맞았습니다. 그로부터 다시 한 세대가 지난 지금, 부부 중심의 핵가족 시대에서 1인 가구 시대로 넘어가는 전환기를 맞고 있지요. 1인 가구 시대는 가족 제도뿐 아니라 주거, 연금, 의료, 교육 등 사회 전반에 큰 변화를 요구할 것입니다. 1인 청년 가구, 독거노인 가구, 비혼자, 이혼자가 늘어날수록 1인 가구화 속도는 더욱더 빨라질 것입니다.

인간관계에서 오는 스트레스를 피하고자 하는 사회적 분위기도 1인 가구화 심화에 한몫할 수 있습니다. 이 같은 1인 가구화 추세에 맞춰 〈나 혼자 산다〉라는 방송 프로그램이 만들어져 인기를 끌고 있기도 하지요. 이제 혼자 밥 먹고 혼자 여행 가는 것이 취향의 차원이 아니라 우리 모두에게 영향을 미칠 수 있는 일반적인 삶의 방식이 될 수 있음을 유념해야 합니다.

소'나 '노브랜드'가 주거 지역을 중심으로 빠르게 늘어나고 있습니다. 단지 소비문화뿐 아니라 가족의 일상이 바뀔 것이고 기업은 이러한 변화에 유연하게 대처해야 할 것입니다.

3장 인구가 줄면 일자리가 늘어날까?

전국 방방곡곡 새마을운동의 구호 '잘살아보세'를 외치던 1970년대. 이 시대를 살아간 이들은 한국전쟁 이후 열악한 환경을 딛고 일어서 가장 열심히, 그리고 가장 힘들게 사셨던 분들입니다. 그렇게 땀 흘려 일한 덕분에 나라는 부쩍 성장했고, 그들은 대한민국 역사상 최고의 호황기를 누렸습니다. 그들이 바로 전후 1955년부터 1963년 사이에 태어난 인구 집단인 베이비붐 세대입니다. 지금 우리나라 인구 중에 가장 그 수

세대	출생연도	경험한 역사적 사건
산업화 세대	1940~1954	한국 전쟁, 베트남 전쟁
베이비붐 세대	1955~1963	5·16 군사정변, 새마을 운동
386 세대	1960~1969	6·10 항쟁, 민주화 운동
X 세대	1970~1980	성수대교, 삼풍백화점 붕괴
밀레니얼 세대	1981~1996	월드컵, 외환 위기, 금융 위기
Z 세대	1997~	금융 위기, 정보기술(IT)붐

▌ 대한민국 세대 구분

가 많은 세대이지요.

베이비붐 세대는 우리나라 경제 활동 인구 5명 중 1명꼴로 생산 가능 인구의 20%를 차지합니다. 국가를 하나의 몸으로 가정하면 40~60세에 이르는 중년 세대를 허리로 봅니다. 나라를 떠받치는 중추로 치는 것이지요. 40~60대는 개인적으로도 인생에서 가장 전성기입니다.

베이비붐 세대의 은퇴

중년 세대에게 주어지는 역할은 무엇일까요? 대표적인 것이 주택 마련, 자녀 교육, 노후 준비이지요. 베이비붐 세대에게는 적어도 주택 마련과 자녀 교육까지는 순조롭게 이행되었습니다. 그러나 그다음 세대는 그렇지 못합니다. 경제 성장 속도는 더뎌졌는데 집값과 교육비가 치솟았기 때문입니다. 이제 우리는 한 번도 겪지 못했던 상황을 맞이할 것입니다. 바로 거대한 인구 집단인 베이비붐 세대가 한꺼번에 은퇴하는 것이지요. 그들이 정년을 맞고 있거든요.

하지만 우리 사회는 베이비붐 세대의 은퇴를 받아들일 준비가 되어 있지 못합니다. 경제성장률 저하, 조세 수입 감소, 막대한 사회보장비용 지출 등 베이비붐 세대 은퇴의 엄청난 후폭풍이 예상됩니다. 호황기를 누렸던 베이비붐 세대조차 경제 성장이 둔화하면서 이렇다 할 은퇴 준비를 하지 못했습니다. 2011년 보건복지부 설문 조사에 따르면 은퇴 준비가 충분하다고 대답한 베이비붐 세대는 2.2%로 100명 중 2명에 불과했습니다. 베이비붐 세대는 부모를 부양하고 자녀를 양육하느라 정작 자신들의 노후 준비를 하지 못한 것입니다.

▌ 은퇴하는 베이비붐 세대를 끌어안을 일자리와 정책이 필요하다.

베이비붐 세대의 은퇴는 우리 사회에 시한폭탄과도 같습니다. 이들 중에 경제적인 여유가 조금 있는 사람들조차 퇴직하면 고용 단절을 겪어 적자 인생으로 돌아서기 때문이지요. 이것은 베이비붐 세대가 예상하지 못한 일입니다. 2000년대부터 뛰기 시작한 부동산값은 더 폭등했습니다. 그러잖아도 1997년 IMF 외환 위기와 2008년 금융위기로 타격을 많이 입었던 이 세대는 편안한 노후를 맞이하기는커녕 은퇴마저 보류하고 저임금 노동이라도 해야 할 처지가 된 것입니다. 2008년 금융위기 이후 상시적 구조조정이 굳어지면서 중년 인구의 고용 불안이 심화했습니다. 그러나 이들을 끌어안을 일자리가 없습니다. 2020년이면 한국의 대표적인 베이비붐 세대로 지칭되는 '58년생 개띠'가 본격적으로 은퇴합니다. 더는 이들을 정책 대상에서 제외할 수 없는 형국입니다.

1968~1975년에 태어난 베이비붐 2세대는 베이비붐 1세대보다 규모가 더

IMF 외환 위기

1997년 정부 주도로 세계화를 외치던 그때, 한보그룹 부도 소식에 이어 삼미그룹, 진로그룹, 기아자동차 등이 줄줄이 도산하면서 우리나라에 일대 위기가 찾아왔습니다. 그동안 우리나라에 투자했던 외국 기업이 한국 경제를 신뢰하지 못해 철수하거나 돈을 회수했고, 그 영향으로 환율이 치솟고 주가가 폭락했습니다. 사태가 걷잡을 수 없이 커지자 김영삼 정권은 1997년 11월 21일 '국가 부도'를 인정하고 국제통화기금(IMF, International Monetary Fund)에 200억 달러를 빌리기로 했다고 발표했습니다. 스스로 경제위기를 극복하지 못한 채 이른바 IMF 체제로 들어선 것입니다. 우리나라는 IMF의 요구에 따라 경제 정책을 펼치겠다는 각서를 제출했습니다.

IMF 외환 위기는 1970년대부터 30여 년간 급속도로 성장한 경제 발전 과정에서 축적된 갖가지 문제가 한꺼번에 폭발하면서 일어났습니다. 기업들의 국제 경쟁력 약화, 수출 감소, 기술 개발 소홀, 우리 경제의 심각성을 인지하지 못한 정부, 국민의 과소비 등 정부, 기업, 국민 모두에게서 그 이유를 찾을 수 있습니다. 당시 한국은행에 있던 외환이 다 고갈되어 국가 경제가 파산했고, 수많은 기업과 금융 기관이 제 기능을 못 하고 문을 닫았습니다. 이때 직장을 잃은 실업자가 쏟아져 나와 수많은 가정이 어려움을 겪었습니다.

큽니다. 베이비붐 막내 세대인 1975년생이 70세가 되는 2045년까지 거대한 인구 집단의 은퇴가 이어지는 것입니다. 우리 사회는 이러한 대규모 은퇴를 서둘러 대비해야 합니다. 고도성장기에는 기업이 고용을 보장하고 복지의 많은 부분을 책임졌지만, 더는 기업의 몫으로 남겨 둘 수 없습니다. 외벌이로

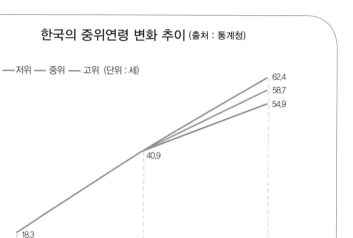

한국의 중위연령 변화 추이 (출처 : 통계청)

2008년 세계 금융위기

2007~2008년 세계 금융위기는 2000년대 말 미국의 금융 시장에서 시작해 전 세계로 파급된 대규모 금융위기 사태를 일컫습니다. 1929년 경제 대공황에 버금가는 세계적 수준의 경제적 혼란이 발생했지요.

신용 등급이 낮은 저소득층을 대상으로 주택 자금을 빌려주는 미국의 주택담보대출상품을 서브프라임 모기지라고 합니다. 우리말로는 '비우량 주택담보대출'이라고도 부르지요. 서브프라임 모기지(subprime mortgage) 사태는 2007년에 발생했습니다. 미국에서 열 손가락 안에 드는 초대형 모기지론 대부업체가 파산하면서 시작되었지요. 미국뿐 아니라 국제 금융 시장에 신용 경색을 초래했습니다. 금융 기관으로부터 돈이 제대로 공급되지 않아 많은 기업이 어려움을 겪었습니다.

도 가족 생계유지가 가능했던 베이비붐 1세대와 달리 베이비붐 2세대로 넘어오면서는 맞벌이로도 가계 생활을 이어가기가 힘들어졌습니다. 저출산 기조가 쉽게 바뀌지 않는 이상 베이비붐 1세대, 2세대가 나이를 먹을수록 나라 역시 나이가 들어갈 것입니다. 중장년의 복지에 주목해야 하는 까닭입니다. 중장년층이 무너지면 가정이 붕괴하거나 해체될 수 있고, 그러면 분명 엄청난 사회적 비용이 발생할 것이기 때문입니다.

사회 구조적인 저출산

저출산 현상은 아이를 낳지 않아서 생기는 것이니 평균 연령을 높여 국가의 고령화를 더 가속합니다. 저출산 현상이 심해지는 것은 그동안의 저출산으로 계속해서 가임기 여성 인구가 줄어든 데다 미혼과 비혼 인구가 늘어나기 때문입니다. 특히 젊은이들이 결혼하지 않으려고 하는 것이 주요 원인입니다. 30~40대 싱글 인구가 급증했고 이에 따라 소형 주거 형태가 일반화하고 있습니다. 특히 30~40대에서 미혼 및 이혼율이 높아지고 있어요.

N포 세대라는 용어까지 나왔지요. N포 세대는 N가지를 포기한 20~30대를 일컫습니다. 3포(연애, 결혼, 출산)와 5포(3포에 집, 경력 추가), 7포(5포에 희망과 인간관계 추가)까지 늘어났습니다. N포 세대가 인생의 중대사를 포기하는 삶의 방식을 유지하려고 할수록 저출산은 더욱더 심해질 것입니다.

가족 공동체를 형성해 가족 안에서 각자의 역할을 하고 서로서로 도우면서 독립하여 인생을 살아가는 기존 가치관이 바뀌고 있는 것입니다. N포 세대가 결혼을 하지 않으려는 것은 사실 합리적인 선택일 수 있습니다. 자신혼자도 먹고살기가 녹록지 않은데 괜히 가정을 꾸렸다가 출산과 교육에 들어가는 수고와 비용을 감당하지 못하면 그것만큼 비참하고 무책임한 일이 또 없을 테니까요.

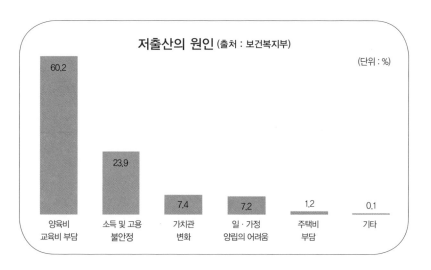

중년(고령) 위기의 남녀 비교 (출처 : 닛세이기초연구소)

	중년 남성	중년 여성
건강 격차	• 심리질병(우울증) 문제 • 직장 고립과 자살 증가	• 장수와 간병 및 노후자금 문제 • 고령 생활보호수급자의 증가
고용 격차	• 실업률의 상승 • 무업無業자의 증가	• 비정규직의 증가 및 고용환경 변화 • 비정규직의 리스크 증가
결혼 격차	• 생애미혼율의 상승 • 숙년 이혼의 증가	• 미혼·비혼·이혼 증가와 재혼율 저하 • 일과 가정 양립 조화의 리스크 상승
대응책	• 기업과 개인의 양립 조화 촉진 • 기업복지에서 사회복지로 전환	• 취업 지속 및 임금 격차 시정 • 독신 우려 줄일 네트워크 수립

저출산의 원인 (출처 : 보건복지부)

(단위 : %)

양육비 교육비 부담	소득 및 고용 불안정	가치관 변화	일·가정 양립의 어려움	주택비 부담	기타
60.2	23.9	7.4	7.2	1.2	0.1

한 가족인데 피해를 주는 상황이 발생할 수밖에 없는 안타까운 현실이지요. 소득 대비 과도한 주거비와 사교육비는 결혼과 출산을 망설이게 하는 가장 큰 요인입니다. 그러므로 저출산은 개인적인 선택보다는 사회 구조에서 그 원인을 찾아야 합니다. 사회 구조적 문제가 각 개인의 심리에 작용해 집단적 현상을 촉발한 것이니까요.

청년의 경제적 부담

장기간의 경기 불황으로 청년 실업률이 치솟고, 대기업이 아니면 살아남기 어려운 현실에서 중소기업의 구인난은 갈수록 심해지고 있습니다. 국가적으로는 저출산이 문제라고 하지만, 정작 청년 각자는 내 코가 석 자라며 당장 앞일을 걱정하지요. 청년들이 감당해야 하는 비용 부담을 따져 보면 이를 피부로 느낄 수 있습니다.

2014년 온라인 취업 포털 '사람인'이 대졸자 1,070명을 대상으로 '대학 재학 중 학자금 대출을 받은 경험'을 조사했습니다. 그 결과 74.5% 즉 4명 중 3명이 받은 경험이 있다고 응답했습니다. 1인당 대출금은 평균 1,445만 원이었습니다. 이미 사회로 나가기 전부터 감당하기 힘든 빚을 지는 셈인데요. 취업한 후에도 학자금을 갚지 못하는 비율이 계속 높아지고 있습니다. 바로 고용 불안정 때문입니다.

대학 졸업자가 취업을 위해 스펙을 쌓는 데 들어가는 평균 비용은 4천여만 원입니다. 스펙을 많이 쌓아도 취업 문턱을 넘기 힘듭니다. 막상 취업해도 마음에 드는 일자리가 아니면 퇴사해서 재취업 준비를 해야 하지요. 직장인이 되기까지 과정이 이렇게 만만치 않습니다.

그럼 결혼을 향한 관문을 넘어설 때는 어떨까요? 한국보건사회연구원의 '2012년 결혼 및 출산 동향 조사'에 따르면 평균 결혼 비용은 여성이 2,883만 원, 남성은 9,588만 원이었습니다. 출산 이후 드는 비용은 어떨까요? 보건복지부의 발표에 따르면 자녀 1인당 양육 비용은 평균 3억 896만 원입니다.

세대 간 이해의 필요성

이처럼 과도한 경제적 부담 때문에 부모에게서 독립하지 않는 이른바 캥거루족이 늘어나고 있습니다. 젊은이들의 속사정을 헤아리지 못했던 때에는 '젊은이들이 패기가 없다.', '청춘이 도전할 줄 모른다.'라는 기성세대의 비판이 있었습니다. 최근 들어서야 언론에서 청년들의 취업난과 어려운 경제 여건 등을 조명하면서 세대 간에 이해를 높이려는 시도가 이루어지고 있어요. 그런데도 현실을 보면, 한마디로 기성세대는 노후가 걱정이고, 청년 세대는 취업이 걱정입니다. 각자 걱정이 다른 것 같지만 기성세대의 노후가 보장되고, 청년 세대의 취업이 쉬워야 서로에게 유익이 됩니다. 서로 연관성이 있지요. 이러한 사실을 간과하고 각자의 어려움에만 골몰하면 다른 세대의 현실을 놓치기 쉽습니다.

예를 들어 저출산이 사회 문제라고 하면 '요즘 젊은이들은 자기만 아니까 아이 낳기를 싫어한다.'라는 편견 어린 말들이 많이 오갔습니다. 물론 이제는 저출산이 사회 구조적 문제라는 사실이 많이 알려졌지요. 이러한 관점이 생겼을 때 비로소 편의점 음식의 대두를 이해할 수 있습니다. 단지 기호의 차원이 아니라 경제 현실이 달라졌기 때문임을 헤아리는 것이지요. 요컨대 인구 구조가 바뀌면 일상이 변한다는 것입니다.

일자리가 사라진다

'인구가 줄어들면 취업 수요가 줄어드는 것이니 당연히 일자리는 늘어나 겠지'라고 생각할 수 있지만, 현실은 그렇지 않습니다. 그것은 일자리가 고정적으로 보장되어야 가능한 이야기지요. 영국의 경제학자 케인스는 1930년대에 '우리 손자 세대의 경제적 가능성'이라는 글에서 "주요국의 생산성은 4배에서 8배 이상 늘어날 것이다. 그래서 우리의 손자 세대는 주당 15시간 노동하는 날이 올 것"이라고 내다보았습니다. 일을 마치고 나머지 시간에는 여가를 즐기며 풍요롭고 선한 삶을 살 것이라는 희망의 메시지를 남겼지요. 1929년 경제 대공황으로 세계가 신음하던 그때, 그처럼 미래를 밝게 예견했으니 케인스는 경제에 대해 정말로 긍정적 사고를 가졌던 셈입니다. 물론 그의 예상대로 인류는 성장에 성장을 거듭하고 그러면서 생산성을 엄청난 속도로 끌어올렸습니다.

그러나 노동 시간이 줄어들기까지는 오랜 시간이 걸렸습니다. 최근 들어서야 워라밸(Work and Life Balance의 줄임말로 '일과 삶의 균형'이라는 의미)을 중시하는 문화가 조금씩 스며들고 있지요. 그런데 워라밸이 기업에서 구현되느냐보다 더 많이 우려되는 것이 바로 일자리 부족 현상입니다. 청년 세대는 일을 하고 싶어도 하지 못해서 괴롭습니다. 노동 시간은 조금씩 줄어들고 있고, 그런데도 노동생산성은 높아져서 투입한 노동에 비해 재화는 넉넉하게 생산되고 있으니, '노동의 역습'이라고 할 만한 역설이 벌어진 셈입니다. 문명은 발전하는데 일자리가 없어서 그 문명의 혜택을 보지 못하는 역설이지요. 인류는 똑똑해지는 만큼 편안한 인생을 살아야 할 텐데 그렇지 못한 것입니다.

지식 총량과 비례하지 않는 일자리

미래학자 버크민스터 풀러(Buckminster Fuller)는 '지식 두 배 증가 곡선(Knowledge Doubling Curve)'으로 인류의 지식 총량이 증가하는 속도를 설명합니다. 그에 따르면 20세기 이전에는 인류의 지식이 2배가 되는데 1세기 즉 100년이 걸렸습니다. 제2차 세계대전(1939~1945) 말에는 25년, 그리고 오늘날에는 13개월로 주기가 단축되었습니다. 2030년이 되면 지식 총량은 3일마다 두 배씩 늘어납니다. 그야말로 지식 폭발 시대인 것입니다.

IBM에 따르면 사물 인터넷이 실현되면 인류의 지식은 12시간마다 두 배가 될 거라 합니다. 어마어마한 속도지요. 인류가 지금 하루에 쌓는 지식의 양이 지난 2,000년간의 지식량 총합과 맞먹는다고도 하니 정말 놀라운 일입니다.

그러나 지식이 늘어나는 만큼 일자리가 늘어나는 것은 아닙니다. 문명 발

▌ 사물 인터넷의 실현은 인류의 지식 총량을 급증시킬 것이다.

달에 맞게 직업 교육이 이루어지고 있는지도 살펴야 합니다. 산업혁명이 일어난 근대로부터 그 명맥이 이어져 온 오늘날의 일괄적 교육 시스템은 평균적인 능력을 갖춘 노동자를 대량 배출하는 데 알맞도록 설계되었습니다. 같은 교실에서 같은 교과를 배우고, 집단적인 평가를 통해 능력을 측정하는 방식이지요. 그러나 미래에는 이런 식으로 교육받은 아이들을 위한 일자리가 별로 남지 않을 수 있습니다.

현재 사라지고 있으며 앞으로 사라질 일자리 대부분은 중산층의 일자리가 될 것이라고 많은 전문가가 예견합니다. 그러므로 일자리가 사라진다는 것은 곧 중산층이 몰락한다는 것을 의미합니다. 부의 양극화는 더욱 심해지겠지요.

고용 불안으로 퇴직 시기가 더 빨라질수록 빈부 격차는 더 커질 것입니다. 50~69세 은퇴자 및 은퇴 예정자를 대상으로 한 금융사가 실시한 설문에서 은퇴자 54.3%, 은퇴 예정자 52.4%가 '노후자금 마련을 위해 더 저축하지 못한 것'을 가장 후회한다고 응답했는데요. 그러잖아도 교육비 부담이 커서 노후 준비를 미뤄 둔 이들이 많은데, 엎친 데 덮친 격으로 직장에서 밀려난 명예 퇴직자가 늘면서 경제가 붕괴하는 가정들이 있습니다. 이처럼 노후 대책을 마련하지 못한 은퇴자들은 결국 노동 시장으로 다시 돌아갈 수밖에 없고 청년 실업자들과 일자리를 놓고 경쟁하게 됩니다.

일자리 창출이라는 난제

세계 경제가 침체하면서 이제 일자리 만들기는 각국 정부의 최대 과제가 되었습니다. 시진핑 중국 주석은 "성장은 오직 일자리를 위한 것"이라고까지 선포했고, 아베 일본 총리도 '일하기 좋은 일본 만들기'를 경제 혁신 목표로 내세웠습니다. 모디 인도 총리도 취임과 동시에 '1억 일자리 만들기' 프로젝트를 시작했습니다.

한국은 앞에서 언급했듯이 베이비붐 1세대, 2세대 총 1,700만 명이 대거 은퇴하면 노후 불안정으로 일자리를 두고 노년과 청년, 중년 사이에 심각한 경쟁이 벌어질 수 있습니다. 한국의 청년 실업률은 1999년 통계 작성 이후 최고치를 계속 경신하고 있을 정도로 좋지 않습니다. 구조적 요인이 크다는 것이 문제겠지요. 경제성장률 자체가 떨어지고, 고령화가 심화하고, 시간제 근로자와 저임금 근로자 비중이 높아지는 것이 큰 구조적 요인입니다.

한국의 청년 실업률은 일본의 두 배를 넘습니다. 한국은 일본보다 양질의 일자리가 부족합니다. 특히 대기업과 중소기업 간 임금 격차가 큽니다. 중소기업의 낮은 임금은 청년 실업률을 상승시키는 커다란 요인입니다. 한국 중소기업의 임금은 대기업의 55%에 그치는 데 비해, 일본은 80%에 이릅니다. 현재 한국의 청년들은 이렇게 열악한 고용환경 속에서 중장년층과 일자리 경쟁을 벌여야 합니다.

실업률이 높으면 그 자체로 사회에 심각한 위험 요소가 됩니다. 미국의 경우 실업률이 1% 올라가면 자살이 9,920건, 살인이 650건, 심장병 사망이 500건, 강도와 강간이 3,300건 늘어난다고 합니다. 실업이 단지 개인적 차원의 일이 아님을 실감하게 하는 통계이지요.

비정규직 문제와 고용 불안

그런데 일자리 문제는 단지 '일이 있느냐, 없느냐'만을 의미하는 것이 아닙니다. 청년들 사이에서 '내 꿈은 정규직'이라는 말이 있듯이 많은 청년이 비정규직으로 인한 고통을 호소하고 있습니다. 일하는 청년 3명 중 1명이 비정규직입니다.

　비정규직의 역사는 오래되었습니다. 우리나라에서 1997년 IMF 경제위기 이후 양산되어 지금까지도 노동 문제에서 논란의 중심에 서 있는 것이 바로 이 비정규직 문제입니다. 이처럼 비정규직 문제는 장기간에 걸쳐 노동 시장에 나타났습니다. 이미 1980년대 중반 임금노동자 중 비정규직 근로자 비율이 40%를 넘어섰고, 특히 1997년 IMF 경제위기 이후 고용 불안이 심해져 비정규직이 더 늘어났습니다. 외환 위기를 극복하고자 정리해고제나 파견근로제와 같이 노동 시장 유연화 정책이 시행되었기 때문입니다. 오랫동안 굳어지다 보니 심지어 경제가 좋아진다고 해서 비정규직이 줄어든다고 보장할 수

▎ 비정규직과 고용 불안을 떼어 생각하기 어려운 현실이다.

없는 상황입니다. 비정규직은 정규직보다 임금이 낮을 뿐만 아니라 언제 잘릴지 모르는 불안한 계약 관계라서 미래에 대한 불확실성이라는 무거운 부담을 느낍니다.

지금 한국인들의 경제적 행복감은 사상 최저치를 기록하고 있습니다. 가장 큰 이유는 고용 불안이지요. 일자리를 생각할 때 앞으로 기술 혁신이 일자리를 보장해 줄 것인지가 큰 고민입니다. 차량 공유 서비스인 우버만 해도 기업 가치는 현대자동차와 맞먹는데 보유한 차량은 한 대도 없습니다. 현대자동차는 연간 500만 대의 자동차를 판매하고 15만 명의 직원을 두고 있지요. 세계적인 숙박업체 에어비앤비 역시 호텔 한 채 가지고 있지 않습니다. 4차 산업혁명 시대는 '공유'와 '연결'이 주된 사업 모델이기 때문에 새로운 일자리가 잘 생겨나지 않습니다.

우리나라의 일자리 구조를 보면 소수의 대기업과 다수의 영세 자영업자, 비정규직, 중소기업 근로자로 구성되어 있습니다. 일자리의 80% 이상이 중소기업에서 만들어지고 있지요. 일하는 사람 5명 가운데 4명은 중소기업에서 일한다는 것입니다. 그런데도 한국 경제는 대기업에 의해 좌지우지됩니다. 정책도 대기업에 유리한 것이 많지요. 그렇다면 앞으로 대기업이 한국 경제를 잘 뒷받침할 수 있을까요? 2015년 IMF에서 '부의 **낙수 효과**는 없다'라는 내용의 보고서가 나왔습니다. IMF는 보고서에서 150여 개국 사례를 분석한 결과, 상위 20%의 소득이 늘어났을 때는 오히려 경제성장률이 떨어졌고 하위 20% 소득이 늘어났을 때 경제성장률이 올라갔다고 밝혔는데요. OECD 역시 2014년 보고서를 통해 경제를 성장시키려면 낙수 효과라는 환상에서 벗어나 양극화를 해소해야 한다고 주장했습니다. 대기업이 오히려 빈부 격차를 늘리고 중소기업의 성장을 막을 수 있으므로 우리나라에는 강한 중소기업이 많이 생겨나야 합니다.

간추려 보기

- 베이비붐 세대는 은퇴 이후의 삶을, 청년 세대는 취업과 결혼을 경제적으로 부담스러워한다. 각자의 걱정을 사회 구조적 문제로 헤아릴 때 세대 간 이해가 수월해진다.
- 노동생산성이나 지식이 증가하는 만큼 일자리가 늘어나진 않는다. 오히려 사라질 일자리 대부분은 중산층의 일자리일 것으로 예견되어 중산층의 몰락이 우려스럽다.

4장 인구 절벽, 두려워할 것만은 아니다

인구 절벽

이라는 말을 들어 보았나요? 인구 절벽이라는 개념은 2014년 미국 경제학자 해리 덴트가 처음 제시했습니다. 그는 인구 구조를 토대로 각 나라의 경제를 전망함과 동시에 이를 이용해 투자 전략을 세우는 경제 예측 전문가입니다. 경제 예측 전문 기관인 덴트 연구소 창업자이기도 한 해리 덴트는 자신의 책 《인구 절벽(Demographic Cliff)》에서 인구 절벽이라는 용어를 처음 사용했습니다. 그는 소비를 가장 많이 하는 40대가 아주 빠르게 줄어든다는 의미로 인구 절벽이라는 용어를 사용했지요. 소비뿐 아니라 생산 활동에 왕성하게 참여하는 40대 인구가 줄어들면 나라의 경제활동이 위축돼 심각한 경제위기가 찾아올 수 있다고 그는 주장합니다.

인구 절벽과 우리나라

특히 저출산과 고령화가 어느 나라보다 빠르게 진행되고 있는 우리나라에서는 이 인구 절벽이라는 용어가 인구 문제에 관한 경각심을 주고자 자주 거론됩니다. 포털 사이트에 '인구 절벽'을 검색하면 이를 언급한 언론 보도가 지난 6년 동안 1만 건이 넘습니다. 이처럼 한국에서 인구 감소는 공포에 가깝습니다. 사실 그럴 만도 합니다. 2026년이 되면 한국은 5명 중 1명이 고령자(65세 이상)인 초고령사회가 될 것으로 추정되거든요. 한국은 인류 역사상 전례가 없을 정도로 고령화가 빠르게 진행 중인 국가입니다. 생산 가능 인구, 즉 일해서 돈을 벌 수 있는 인구(15~64세)는 2017년부터 이미 줄어들고 있습니다.

한국에서 저출산과 고령화는 이미 심각한 수준입니다. 2017년이 변곡점이 된 해였는데요. 2017년에 출생아 수가 35만 명대로 추락하면서 65세 이상 고령자 인구 비중이 14%를 넘어 고령사회에 접어들었습니다. 일할 사람이 줄어들어 갈수록 경제가 침체할 거라는 암울한 전망이 나오는 이유입니다. 이는 우리나라만의 문제가 아닙니다. 인구 절벽 현상은 전 세계적으로 인구의 많은 비중을 차지하는 베이비붐 세대가 한꺼번에 은퇴하면서 더욱더 가속화하고 있습니다.

인구 절벽이 화근일까?

그럼 우리의 미래는 정말로 암울하기만 한 걸까요? 비관론이 그려내는 미래상은 대개 이렇습니다. '생산 가능 인구가 줄어들면서 국내 시장이 위축된다. 사회보장제도로 노인을 부양해야 하므로 국가 재정이 고갈된다. 그러면 전부 다 먹고살기 힘들어진다.'

하지만 시각을 달리해서 볼 수도 있습니다. 저출산과 고령화, 인구 감소는 거의 예외 없이 발생할 것입니다. 하지만 사회보장제도나 인구 정책, 경기 부양책은 상황에 따라 변경과 개선을 할 수 있습니다.

인구 절벽 때문에 한국도 일본의 '잃어버린 10년'과 같은 장기 불황의 시기를 겪을 것이라고 많이들 예상합니다. 하지만 일본 내에서조차 저출산 및 인구 감소와 '잃어버린 세월' 간에 인과 관계가 있는지에 관해 논란이 있습니다. 실제로 인구와 국내총생산(GDP)은 상관관계가 없다고 보는 전문가들도 있습니다. 경제와 인구를 단정적으로 연결 짓는 것이 바람직한 발상은 아닙니다.

외면할 수 없는 인구

물론 사회적으로 인구는 충분히 고려해야 할 사항임엔 분명합니다. 인구학자인 서울대학교 보건대학원 조영태 교수는 "인구가 만들어 내는 사회 변동을 생각하지 않은 기술 진보는 의미가 없다."라고 강조합니다. 조영태 교수는 우리나라의 미래를 결정할 인구 현상 6가지로 초저출산, 비혼, 만혼, 가구의 축소, 수명 연장, 인구의 도시 집중을 꼽습니다. 그는 이 6가지만으로도 우리의 미래가 엄청나게 바뀌리라 예측합니다. 이 6가지는 상호작용하면서 사회에 복합적인 영향을 미칠 것입니다. 이 6가지를 사회적으로 적절하게 대처한다면 경제적으로 긍정적인 효과를 얻을 것입니다.

경제는 인구 변동과 연관되기 때문에 인구 변동이 경제에 미칠 영향을 면밀히 살피면서 대비해야 합니다. 예를 들어 수명이 연장되면 인구 증가율을 높이는 데 영향을 미칠 수 있습니다. 장수 시대가 도래하면 현재처럼 '65세 이상 인구'를 계속해서 비경제 활동 인구로 보아야 할지도 고민해야 합니다. 물론 노인들이 건강하게 장수할 수 있도록 사회적으로 뒷받침을 해 주어야 겠지요.

통일에 관해서도 고려해 볼 수 있습니다. 남북한이 통일된다면 인구와 경제에 커다란 변화를 맞이하겠지요. 한국이 이민자들을 적극적으로 수용해

집중탐구 앞으로는 몇 살부터 노인으로 봐야 할까?

UN은 2015년 전 세계의 고령화와 **기대 수명** 증가를 고려해 새로운 연령 기준을 제시했습니다. 연령대별로 5단계의 생애주기로 구분한 것인데, 미성년자(0~17세), 청년(18~65세), 중년(66~79세), 노년(80~99세), 장수 노인(100세 이상)입니다. 건강한 60대가 많은 점을 고려해 65세까지 청년으로 본 것은 파격적으로 보입니다. 하지만 앞으로 기대 수명이 늘어나고 의학 기술이 발달한다면 이러한 연령 기준이 들어맞는 때가 분명 올 것입니다.

현재 세계에서 가장 고령화된 국가인 일본의 경우, 일본노년학회와 일본노년의학회가 2003년 노인의 기준과 정의에 관해 논의를 거듭한 끝에 '만 65세' 이상을 3단계, 즉 65~74세를 준고령자, 75~89세를 고령자, 90세 이상을 초고령자로 분류했습니다.

한국에서는 고령화에 따라 국민연금 의무가입 나이를 현행 60세 미만에서 65세 미만으로 연장하고 연금 수령 나이도 65세에서 68세로 단계적으로 조정하는 방안이 검토되고 있습니다.

다민족 사회가 되는 경우를 가정해도 마찬가지입니다. 통일과 이민에 관해서는 뒤에서 자세하게 살필 것입니다. 이외에도 다양한 변수가 있을 것입니다.

한편 인구 문제를 대할 때는 신중히 접근해야 합니다. 정부에서 '가임 여성 지도'를 만드는 등 여성을 출산 기계 취급하는 듯한 느낌을 주어서 논란이 일기도 했지요. 우리에게 중요한 것은 태어난 아이의 숫자가 아니라 아이가 태어난 가정의 행복임을 놓쳐서는 안 됩니다. 이러한 인식이 바탕이 되어야 정부의 경제 정책에도 출산 가정의 행복을 돕기 위한 요소가 더 잘 포함될 것입니다.

심리와 경제

우리가 인구와 경제를 동시에 생각할 때 심리적인 측면을 중요하게 고려해야 합니다. 인간 각 개인이 심리적인 동물인 데다 이러한 개인의 심리 작용이 집단으로 일어난다면 그 파급력은 사회적으로 대단히 클 테니까요. 심리

▌ 사회적 물의를
일으켰던 공익
광고

학을 경제학에 접목한 전망 이론으로 노벨경제학상을 받은 대니얼 카너먼 교수는 "경제 정책이 효과를 거두려면 심리부터 잘 관리해야 한다."라고 주장합니다.

출산율이 왜 회복되지 않는지 살필 때도 사람들의 심리를 잘 읽어야 합니다. 저출산은 여성의 경제활동이 늘어난 것이 큰 이유이지만, 자녀 출산을 꺼리는 가치관의 변화도 결코 무시할 수 없습니다. 여성의 경제활동이 증가했지만, 육아와 교육은 여전히 여성의 몫이 큽니다. 특히 한국의 교육열은 굉장히 높지요. 또래 부모와의 경쟁 심리도 상당합니다. 육아휴직이나 아동수

▌ 여러 자녀를 출산하길 권장하는
　 공익 광고

당 지원금 등 저출산 타개를 위한 정책이 효과가 떨어지는 이유이기도 합니다. 아이를 키우는 데 심리적 부담감이 크기 때문에, 아무리 사회적 지원이 있어도 한 자녀 가정은 둘째를 출산하기보다 한 자녀에게 투자를 몰아주려는 현상이 나타납니다. 무자녀 가정은 아예 자녀를 낳지 않으려고도 하지요. 또는 만혼을 하거나 결혼 자체를 피하기도 합니다.

만혼 인구 못지않게 미혼과 비혼 인구가 늘어나는 것을 유의해야 합니다.

집중탐구 만혼

결혼 적령기에 관한 생각이 크게 변했습니다. 과거와 달리 30대에 취업하고 40대에 결혼해서 50~60대에 자녀를 양육하는 식으로 생애주기 자체가 늦춰진 것입니다. 결혼을 늦게 하는 이른바 만혼은 초저출산 현상을 심화시키는 주요 원인입니다.

통계청이 실시한 평균 초혼 연령 조사에 따르면, 우리나라 평균 초혼 연령은 1990년 여성 24.8세, 남성 27.9세에서 2017년에는 남녀 모두 30세를 넘어서 여성 30.2세, 남성 32.9세까지 높아졌습니다. 30여 년 사이에 평균 초혼 연령이 여성은 5.4세, 남성은 5세 올라간 것입니다.

만혼은 늦둥이를 낳는 고령 출산을 초래합니다. 세계보건기구(WHO)와 국제 산부인과학회는 고령 출산 기준을 초산 여부에 상관없이 35세로 보고 만 35세 이상 여성을 고령 임신부로 분류합니다. 일반적으로 여성의 생식 능력은 30세 이후 점점 감소해 35세 이후부터 난임이나 불임 확률과 당뇨병이나 고혈압 같은 임신 합병증에 걸릴 위험이 커지기 때문입니다. 난임과 불임으로 괴로워하는 가정이 늘어나는 것은 만혼 현상과도 관련이 많습니다.

결혼을 늦게 하는 사람들은 고학력인 경향이 있고 사회 활동도 많이 하므로 자아 성취를 중요시합니다. 아이를 낳지 않거나 낳아도 한 명만 낳아서 키우려는 경향이 강합니다. 만혼 현상이 지금처럼 일반적인 사회 풍조로 고착되는 한, 출산율이 높아질 가능성은 거의 없다고 보아야 합니다. 결혼을 미루는 청년들을 위해 정부에서 신혼부부 공공임대주택 보급 등 각종 정책을 추진 중이지만, 이미 대세가 된 만혼 현상이 사그라지기란 쉽지 않아 보입니다.

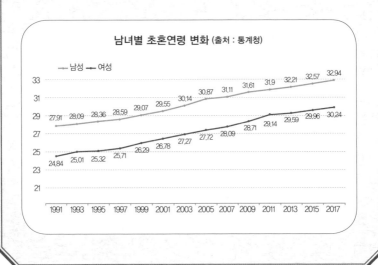

미혼(未婚)은 아직 결혼하지 않은 사람, 비혼(非婚)은 아예 결혼할 의사가 없는 사람을 의미합니다. 특히 40대 미혼자 비율 추이를 잘 살펴야 합니다. 통계청의 40~44세 인구 중 미혼자 비율을 보면 1995년에서 2015년까지 20년 사이에 남녀 각각 10배 정도 늘었는데요. 2015년 기준으로 남자 10명 중 2명, 여자 10명 중 1명꼴로 결혼을 하지 않았습니다. 이 같은 현상은 결혼에 관한 가치관의 변화를 단적으로 보여줍니다. 더는 결혼을 인생의 통과의례로 여기지 않는 사람들이 늘어나고 있는 것입니다.

청년기에는 결혼에 관해서 서로 사랑하면 된다는 식으로 로맨스를 꿈꾸기도 합니다. 하지만 나이가 들수록 직업, 연봉 등 조건을 더 따지는 현실입니다. 이는 결혼을 어렵게 하는 데 일조합니다. 통계청은 2025년에는 남녀 생애미혼율이 지금의 2배인 16.6%, 2035년에는 3배인 24.6%로 늘어날 것으로 예상합니다.

미혼율은 농촌보다 도시가 더 높습니다. 2015년 인구 총조사 결과 서울시의 40~44세 인구 중 남성의 26%, 여성의 18%가 미혼으로 전국 평균을 훨씬 웃돌았습니다. 서울에 사는 남성 4명 중 1명, 여성 5명 중 1명이 40대를 넘어서까지 결혼을 하지 않은 것입니다.

2005년 6월, 정부는 '저출산, 고령사회기본법'을 제정하고 5년마다 '저출

내국인 40~44세 인구 중 미혼자 비율 (출처 : 통계청)

연도	남자	여자
2015년	22.8%	11.3%
2010년	14.4%	6.2%
2005년	8.5%	3.6%
2000년	4.9%	2.6%
1995년	2.7%	1.9%

산, 고령사회 기본계획'을 수립하는 등 문제 해결을 위한 시도를 해 왔습니다. 하지만 합계출산율은 나아지지 않았습니다. 과거에 시행했던 가족계획과 남아선호사상 때문에 가임 여성 숫자가 이미 많이 감소한 것도 한몫했습니다. 기업 처지에서 보면 이러한 저출산 추세 때문에 산부인과와 예식장, 기저귀 업체 등은 기존과는 완전히 다른 기업 환경을 맞게 되었습니다.

▌ 결혼에 관한 인식이 사뭇 달라지고 있다.

세대 갈등이냐, 세대 공존이냐

동서고금을 막론하고 세대 간 갈등이 없었던 적이 있을까요. 살아온 환경도, 살아온 시대도 다른 데다 나이 차에서 비롯된 견해차까지, 서로 다른 인식과 문화로 세대 갈등이 빚어지는 것은 어쩌면 자연스러운 현상입니다. 오히려 청년과 중년과 노년의 서로 다른 관점을 잘 절충하면 사회적으로 조화와 발전을 이뤄낼 수 있으므로, 세대 갈등은 사회에 좋은 기회가 되기도 합니다.

그런데 고령화 사회에서는 양상이 복잡해집니다. 일자리, 부양 의무, 복지 혜택 등 먹고사는 문제로 세대 간에 서로 부딪힐 수 있기 때문입니다. 특히 고령화가 심화하면 젊은이들에게 노인 부양의 짐이 버거울 수 있습니다. 이처럼 경제적인 요인이 결부되면 사회에 부정적인 영향을 미치는 세대 갈등이 나타날 수 있습니다. 그래서 앞으로는 사회적으로 갈등을 잘 관리하는 것이 화합과 공존을 위해 무척 중시될 것입니다.

하버드대학교 경제학자 다니 로드리크는 경제 성장을 결정하는 요소인 노동, 자본, 기술 외에 갈등 관리를 추가해야 한다고 주장합니다. 실제로 한국보건사회연구원에 따르면, 갈등관리지수를 10% 높일 때 1인당 GDP가 2.47%나 증가하는 것으로 나타났습니다.

OECD 국가들을 대상으로 2011년에 조사한 결과 한국은 터키, 그리스, 칠레, 이탈리아에 이어 다섯 번째로 사회갈등지수가 높은 것으로 나타났습니다. 더구나 갈등관리지수는 34개국 중 27위로 하위권에 속했지요. 사회 갈등은 높고, 갈등 관리는 안 되는 것입니다. 삼성경제연구소는 한국의 사회갈등지수가 OECD 평균 수준으로만 개선되어도 GDP가 7~21% 늘어날 것으로 내다봤습니다. 이제 한국도 사회 갈등이 경제에 끼치는 영향을 결코 무시할 수 없는 상황입니다.

사례탐구 청년과 노년이 함께하는 셰어 하우스

독일 역시 고령화로 몸살을 앓았습니다. 특히 세대 갈등이 심했지요. 기성 세대는 청년 세대 때문에 직장에서 일찍 쫓겨났다면서 젊은이들을 탓했습니다. 청년 세대는 대학 교육을 유료화하려는 정책에 거세게 반발했지요. 인구 구조가 변하면서 생기는 이러한 세대 갈등에 대해 독일은 세대 공존에서 그 답을 찾고자 했습니다. 노인이 자신의 집을 청년에게 셰어 하우스로 제공하면서 청년이 자신과 함께 대화를 해 주거나, 장을 봐 주거나 하면 집세를 깎아 주는 식으로 서로서로 돕도록 한 것입니다. 다방면으로 **공유 경제**가 활성화되고 있는 요즘, 이러한 청년과 노년의 주거 공유 방식은 충분히 가치 있는 일입니다. 노년과 청년이 공존하는 셰어 하우스는 현재 독일의 많은 지역에 존재합니다.

간추려 보기

- 저출산과 고령화, 인구 감소는 거의 예외 없이 발생할 것이다. 하지만 사회보장제도나 인구 정책, 경기 부양책은 상황에 따라 변경과 개선을 할 수 있다.
- 고령화 사회의 세대 간 경제적 갈등을 사회적으로 잘 관리하면 경제 지표에도 긍정적인 영향을 줄 수 있다.

5장 저출산, 고령화 시대에
우리가 고려해야 할 것들

한국의 저출산 기조는 쉽게 꺾이지 않을 것입니다. 사회적, 경제적 구조뿐만 아니라 젊은 층의 환경과 심리가 쉽게 변하지 않을 것이기 때문입니다. 특히 인구는 결코 단기간에 그 양상이 달라지지 않지요. 그렇다면 우리는 세대별로 삶의 질을 높일 방안을 모색해야 합니다.

인구와 라이프 사이클의 변화

현재 한국과 인구 변화 패턴이 가장 비슷한 나라는 독일인데요. 하지만 삶의 만족도에서는 독일이 우리를 훨씬 앞섭니다. 삶의 질을 높이기 위해 독일을 참고할 만하겠지요. 우선 독일은 시골과 중소도시까지도 질 높은 삶을 누릴 수 있도록 공적 인프라를 구축해 놓고 있습니다. 도로와 건물이 깔끔하고 학교와 체육 및 문화시설도 인구 규모에 걸맞게 갖춰져 있는 편이지요. 제일 중요한 것은 지역마다 일자리 창출과 교육의 균등한 기회가 보장된다는 것입니다.

가정을 사회 과목에서 1차 집단, **원초 집단**이라고 하지요. 태어나서 자라고 어울리고 배우는 삶의 가장 기본적인 과정을 우리는 가정에서 거칩니다.

그렇게 우리는 사회로 진출하지요. 성인이 되고 나서는 가정을 꾸려 아이를 낳고 부모 역할을 배우며 또 한 차례 성장합니다. 기존에는 이를 누가 강요하지 않아도 자연스레 거치는 당연한 라이프 사이클로 여겼지요. 하지만 달라졌습니다. 결혼과 출산을 하지 않게 된다면 이제 이러한 라이프 사이클을 겪는 사람들이 줄어들 것입니다.

가치관과 생활 방식의 변화

청년들이 결혼과 출산을 택하지 않는 것은 경제적, 직업적 요인이 크지만, 관계에 관한 가치관이 바뀐 것도 무시하지 못합니다. 인터넷이 등장하기 전과 후의 세대만 나누어 살펴보아도 현격한 차이가 눈에 띕니다. 오프라인, 즉 진짜로 만나서 관계를 형성했던 세대와 온라인으로도 관계를 형성하는 세대는 관계 맺는 방식 자체가 크게 다른 것입니다. 유튜브, 트위터, 페이스북으로 시공간과 상관없이 관계를 맺습니다. 또 온라인으로 관계를 맺어나가는 것을 중시하지요. 또한, 관계를 맺을 때 본인 중심 사고를 많이 합니다. 나의 관심사, 나의 선택이 중요한 것입니다.

가족에 관한 개념 역시 바뀌고 있습니다. 서로에게 큰 책임감을 부과하지 않기 위해 동거를 선호하는 비율이 높아지고 있지요. 이미 유럽에서는 결혼이라는 틀에 얽매이지 않겠다며 동거를 택하는 커플이 40% 안팎에 달한다고 합니다. 여러 가지 이유로 모인 주거 공동체가 나름대로 규율을 정해서 한 가족처럼 지내기도 하는데, 이 경우에는 가족에 혈연이라는 개념 자체가 성립하지 않습니다. 개인이 의도적으로 관계망을 형성하기에 따라서 새로운 가족 개념이 생길 수 있는 셈입니다. 4차 산업혁명이 진전되어 생활 로봇이

상용화하면 로봇까지 가족의 범주에 들어갈지도 모릅니다.

가족에 관한 가치관이 변화하는 상황에서 가장 우려되는 것은 가족의 가치, 가족의 역할이 붕괴하는 것입니다. 부부간의 애정과 돌봄, 부모가 자식에게 전수하는 가르침, 자식이 부모에게 하게 되는 공경, 가정에서의 관계를 통해 발전하는 사회적 관계 같은 것들 말입니다. 아무리 가정이 붕괴한다 해도 조건 없는 사랑으로 형성된 가정의 가치를 대신할 만한 것은 없기 때문입니다.

함께 살아야 각자의 가치가 발견되는 인간이 혼족이 되어 혼자서 생활하고, 1인 가구로서 인생을 살게 된다면 과연 그 사람이 행복할지 생각해 보아야 합니다. 인간의 존재 의미가 나타나는 것은 관계를 맺으며 서로서로 돕고

▌ 미래에는 생활 로봇이 가구의 구성원으로 들어올지도 모른다.

웃음을 줄 때인데요. 그를 위한 토대가 되어 주는 곳이 가정이지요.

애완동물 시장이 부쩍 커지는 것은 인간의 외로움을 방증하는 현상일 수도 있습니다. 가족을 통한 정서적 유대와 신뢰의 가치가 값으로 매길 수 없는 것임을 생각한다면, 짧은 기간 내에 결혼과 출산 감소 추세가 바뀌지는 않겠지만 점진적으로 회복되도록 사회적인 노력을 기울여야 할 것입니다.

여성의 권리

한편으로 여권 신장에 관해서도 더 깊이 생각해 보는 계기로 삼아야 합니다. 여성들이 모두 일해야 하는 상황이 과연 여권 신장을 위한 것인지 돌아보아야 합니다. 실제로 여성들이 일과 육아를 병행하기란 무척 어려운 것이 우리가 당면한 현실입니다. 결혼하고 나서 직장 생활을 이어 가기란 굉장히 힘들지요. 일과 가정 가운데 하나는 반드시 많은 부분을 포기해야 합니다. 가정을 생각하다 보면 경력 단절을 피하기 어렵습니다. 그런데 사회 일각에서는 여성들이 마음 놓고 일할 수 있도록 해 주어야 한다고 말합니다. 그러나 과연 이것이 단순히 여권 신장을 위한 정책일까요? 일하고 싶은 여성이 있고, 엄마의 역할에 충실하고 싶은 여성이 있습니다. 모든 여성이 일할 수 있어야 한다는 것은 어쩌면 경제적 현실에 끼워 맞춘 일방적인 주장일 수도 있지요.

자녀를 둔 여성이 일하게 되면 아무래도 양육 부담이 노부모에게 전가되면서 육아에 아쉬움을 가질 수도 있으므로, 여성이 일해야 하는지의 문제는 복잡한 사안입니다. 자녀 양육은 당장 무슨 결실이 보이지 않는 미래 지향적인 일입니다. 동시에 사회와 국가의 미래를 결정하는 중대사지요. 이러한 큰 일에서 가장 중요한 역할을 하는 것이 여성이므로 무엇이 여권 신장을 위해 도움이 되는지는 좀 더 종합적, 발전적으로 논의해야 할 사안입니다.

미국이나 유럽에서도 출산은 여성의 소득, 경력 등에 부담이 됩니다. 그래서 출산을 미루고 경력을 더 쌓으려고 합니다. 그렇게 소득을 높여 출산 이후 부담을 줄이려 하는 것이지요. 하지만 한국에서는 여성이 출산을 미뤄 교육 수준을 높이거나 경력을 쌓아도 출산과 양육에 따른 부담을 줄이는 데는 큰 도움이 되지 못합니다. 그렇게 본다면 한국 여성은 치솟는 집값과 사교육비에 치여 경력도 제대로 관리하지 못하고, 아이도 제대로 양육하지 못하는, 즉 두 마리 토끼를 다 놓치는 난처한 상황에 놓인 셈입니다. 이와 같은 이유로 미국에서는 여성들이 일하지 않고 살아갈 권리를 주장하는 운동

▌ 미소 이면의 이중고를 헤아려야 한다.

이 일고 있습니다.

구체적으로 맞벌이 부부의 가사 노동 시간을 보면 일하는 여성의 고된 하루를 대번에 알 수 있습니다. 통계청의 2014년 생활시간 조사에 따르면 맞벌이 부부 중 여성의 가사노동 시간이 남성보다 5.6배 많은 것으로 나타났습니다. 한 예를 들면 여성들은 음식 준비에 88분, 남성은 8분을 사용합니다. 육아휴직은 아직 갈 길이 멉니다. 여전히 기업들이 육아휴직에 부정적이기 때문이지요. 공무원이나 교직원을 제외하고 법에 보장된 육아휴직을 마음 놓고 쓸 수 있는 직종이 거의 없는 것이 현실입니다.

세상은 더욱더 편리해지고 풍요로워지는 것 같지만 삶의 스트레스는 더 커 갑니다. 그리고 가정마저 그 같은 스트레스의 해방구가 되어 주지 못하는 현실을 우리는 마주하고 있습니다. 가정 형성, 자녀 양육에 관한 우리 사회의 가치관이 변해야 할 때입니다.

기술 혁신

저출산과 일자리 부족에 관해서는 기술 혁신이 결국 해답이라는 의견이 있습니다. 이는 저성장 시대에 특히 일리 있는 의견입니다. 영국에서 산업혁명이 태동할 수 있었던 것은 도전적이고 긍정적인 자세로 새로운 기술에 관해 함께 모여 탐구하는 각종 모임이 활성화되었기 때문이었습니다. 4차 산업혁명 시대에 기술 혁신을 통해 인구 문제를 해결하기 위해서는 우리 사회에도 전문가 집단의 다양한 논의가 필요해 보입니다.

현시점이 특히 중요한 이유는 불확실한 것들이 너무나 많고, 해결해야 할 과제 또한 너무나 많기 때문입니다. 2018년 남북정상회담과 북미정상회담

이후 거론되고 있는 통일만 해도 그렇습니다. 2018년 초까지만 해도 한국은 전 세계에서 가장 위험한 나라였습니다. 2016년에 클라우스 슈바프 회장이 세계경제포럼에서 4차 산업혁명을 선언했지만, 그때 우리는 4차 산업혁명의 물결을 피부로 느끼지 못했습니다. 그 모습과 영향을 여전히 예측하기 어렵지요. 2016년 이후로 4차 산업혁명이 금방이라도 세상을 바꿀 것처럼 우리나라에서 뜨거운 감자가 되어 왔다는 것을 돌아보면 이처럼 훗날을 예측하기란 무척 어렵습니다.

우리가 해야 할 일은 이러한 불확실성 속에서 우리가 예상해야 할 것들, 준비해야 할 것들을 파악하고 실행에 옮기는 것입니다. 우선 저성장 시대에 인적자원 중심 국가인 우리나라에서 가장 저력을 발휘해야 할 일은 기술 혁신에 박차를 가하는 것입니다. 4차 산업혁명이 세계적 추세이므로 그 대열에서 선두주자가 되어야 합니다. 혁신 기술을 선점해야 오랫동안 우위를 차지할 수 있기 때문입니다. 우리가 4차 산업혁명의 물결을 앞장서서 타기만 한다면 인구가 감소할지라도 노동생산성을 획기적으로 끌어올릴 수 있을 것입니다.

그렇게만 된다면 이제 그렇게 올린 수익을 양극화 해소를 위해 사회적으로 재분배하는 일이 중요해지겠지요. 4차 산업혁명에서 우리가 성과를 거두지 못한다면 가뜩이나 인구가 줄었는데 일자리까지 줄어들어, 가계 경제부터 시작해 나라 경제까지 우르르 무너질 수 있습니다. 우리는 현재 국가적 위기를 기회로 삼아 강국으로 도약할 수 있는가 하는 중대한 시험대에 오른 셈입니다.

특히 한국에서 4차 산업혁명에 관한 관심은 상당히 높습니다. 1인당 국민

소득이 3만 달러를 넘었지만, 고도성장 시대가 종료되고 저성장 국면이 이어지면서 결국 기술 혁신만이 경제 성장을 위한 유일무이한 길이 될 것이기 때문입니다.

뱀의 입 현상

물론 이것은 우리만의 일이 아닙니다. 2000년대부터 기업 생산성이 높아져도 고용은 증가하지 않는 현상이 나타나기 시작했거든요. 경제학자 제라드 번스타인은 성장률과 고용률의 격차가 점점 더 커져서 뱀의 입처럼 벌어진다고 하여 이러한 현상을 '뱀의 입(Jaws of the Snake)'이라고 불렀습니다. 우리나라를 비롯해 미국, 영국, 독일, 일본 등 대부분의 나라가 이와 같은 추세를 보입니다.

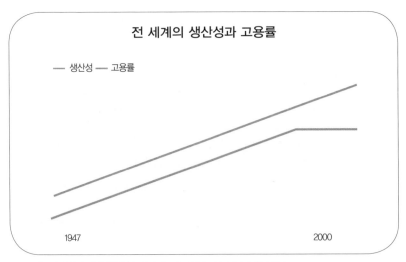

▮ 전 세계의 기업 생산성은 올라가는데 고용은 더 늘어나지 않고 있다.
(출처 : 명견만리 '인구, 경제, 북한, 의료' 편)

일할 인구가 감소하더라도 기술 혁신으로 생산성이 증대하면 경제는 성장하겠지요. 이처럼 4차 산업혁명은 인구 문제와 직접 관련이 있습니다. 4차 산업혁명은 이미 우리 삶에 깊숙이 들어와 있습니다. 물론 아직은 4차 산업혁명으로 경제가 더 성장할지는 미지수입니다. 하지만 분명 누군가에겐 득이 되고, 누군가에겐 실이 될 것입니다. 특히 로봇과 인공지능(AI)에 일자리를 내어 준 사람들이라면 당장 생계와 직결되지요. 2016년 세계경제포럼에서 5년 안에 510만 개의 일자리가 사라질 것이라는 보고서가 관심을 불러일으켰습니다. 당시 바둑기사 이세돌 9단을 꺾으며 모습을 드러낸 알파고의 기세 때문에 '로봇이 내 일자리를 빼앗아가지 않을까?'라는 파장이 더욱 컸지요.

4차 산업혁명은 제조 현장이 혁신 기술로 변하는 것입니다. 생산 방식이 바뀌면 노동 공급 패턴이 변할 수밖에 없지요. 이처럼 기술 혁신과 고용환경은 밀접한 연관이 있습니다. 단순 반복 업무는 벌써 로봇이 인간을 많이 대체하고 있습니다. 물론 아무리 기술이 발달해도 인간의 감성이 요구되는 일자리는 여전히 인간을 위해 존재할 확률이 높습니다. 중요한 것은 앞으로 기술 혁신으로 경제가 성장해도 일자리가 늘어나지 않을 수 있다는 점입니다. 오히려 기술이 일자리를 대체하면 인구가 감소해도 일자리 경쟁이 심해질 수 있지요.

4차 산업혁명 시대의 일자리 감소는 양극화 심화로 이어질 수 있습니다. 2018년 한국사회보장학회의 보고서에 따르면 여성, 저소득층, 고학력층일수록 4차 산업혁명 시대에 노동 시장에서의 위험성을 크게 느낍니다. 특히 단순 업무 종사 비율이 높은 저소득층이 인공지능(AI)에 의해 일자리가 대체될 확률이 높으므로, 이들이 일자리를 잃으면 양극화가 더 심해질 것으로 우려되는 것이지요. 이러한 양극화를 해소하기 위해 기본소득이 대안으로 거론됩니다.

4차 산업혁명은 이처럼 단지 편리한 미래만을 약속하는 것이 아닙니다. 2016년 세계경제포럼에서 클라우스 슈바프 회장이 4차 산업혁명을 선언했을 때도 장밋빛 미래만을 그린 것은 아니었습니다. 특히 일자리의 미래를 어둡게 전망하면서, 일자리 지형도가 확 바뀌기 때문에 준비할 시간이 필요하다고 주장했지요.

기술 혁신이 계속해서 인류를 이롭게 할 것인가를 놓고 벌였던 유명한 TED 논쟁에서 각각 찬반 입장에 섰던 MIT 디지털비즈니스센터장 에릭 브리뇰프슨 교수와 로버트 고든 교수, 두 사람이 유일하게 의견 일치를 보인 것이 바로 '기술 발전이 불평등을 심화시킨다.'라는 것이었습니다. 그러므로 4차 산업혁명 시대를 맞아 앞으로 전 세계적으로 빈익빈 부익부라는 양극화의 벽을 낮추기 위한 노력이 반드시 수반되어야 할 것입니다.

알아 두기

기본소득

재산이 많든 적든, 노동하든 하지 않든, 모든 국민에게 최소한의 인간다운 삶을 누리도록 개별적으로 무조건 지급하는 소득을 말합니다. 핀란드가 전 세계 최초로 중앙정부 차원에서 2017년 1월부터 시행했습니다. 기본소득이라는 개념은 토머스 모어의 소설 《유토피아》에서 처음 등장했으며, 한 사회의 가치 총합은 구성원들이 함께 누려야 한다는 데서 비롯되었습니다.

4차 산업혁명에의 대비

물론 기존의 세 차례 산업혁명을 통해 인류 문명이 획기적으로 발전되었 듯이 4차 산업혁명도 상당한 진보를 이룰 수 있습니다. 4차 산업혁명을 이끌 어 가는 핵심이 '초연결'이기 때문에 더 큰 기대를 해 볼 수 있습니다. 인간과 인간, 인간과 사물, 사물과 사물이 연결되는 사물 인터넷(IoT) 기술이 그 중 심에 서 있지요. 이러한 초연결로 인해 수많은 데이터가 순식간에 쌓여 빅데 이터가 만들어집니다. 이것을 인공지능(AI)이 가공하면 새로운 부가가치가 창출됩니다. 하드웨어와 소프트웨어가 결합해 탄생한 자율주행 자동차, 드 론, 로봇은 인간의 삶 자체를 획기적으로 바꿀 잠재력이 있지요. 생산과 유 통, 거래의 효율성이 크게 향상되기 때문에 이를 통해 경제 성장을 이룰 수 있습니다.

특히 한국은 이러한 4차 산업혁명에 관한 관심이 매우 높은 편입니다. 하 지만 그만큼 사회적으로 4차 산업혁명 시대에 요구되는 인재 육성에 관심을 기울이고 있는지는 의문입니다. 앞으로 기계와 사람이 함께 일하는 시대에 는 기존과 다른 인재가 필요할 텐데, 바람직한 인재상이나 교육 방향에 관 해 사회적 합의가 미진해 보입니다. 사실 4차 산업혁명의 인재 육성은 인구 문제와 무관하지 않습니다. 기술 혁신에 공헌할 인재가 길러지고 그 기술 혁 신을 통해 창출된 부가 다시 나누어지기만 한다면, 인구 감소로 인해 경제 성장이 늦추어지는 것을 막으면서도 경제적 불평등을 줄여나갈 수 있기 때 문입니다. 4차 산업혁명 시대에는 인간을 위해 기술을 연결하고 적용하고 개 선할 수 있도록 인문학적 사고와 과학적 사고를 접합할 수 있는 인재가 필 요할 것입니다. 이것은 입시 위주의 일괄적인 기존 교육 체제로는 기대할 수 없겠지요. 프랑스의 바칼로레아 시험처럼 넓고 깊게 사고할 수 있는 시험 제도를 마련한다든지, 독일처럼 전문 직업학교를 많이 세워서 4차 산업혁명 시대에 걸맞은 직업 교육을 하는 것도 고려해 볼 수 있을 것입니다.

일자리가 사라지거나 일부 대체된다는 것이 꼭 악영향만을 미칠 것이라 예상할 필요는 없습니다. 워라밸이 강조되는 사회에서 일하는 시간을 줄이되 적은 노동 시간 동안 더욱더 창조적이고 혁신적으로 일할 수도 있습니다. 학교와 기업에서 교육 훈련을 시행하고 사회가 효율성 있게 인력들을 배치

집중탐구 **4차 산업혁명과 직업**

은행원, 텔레마케터, 회계사, 세무사, 약사, 요리사, 제빵사, 부동산 중개사, 버스 기사, 택시기사, 이발사, 동물 사육사, 스포츠 심판, 모델, 웨이터, 도서관 사서, 보험판매원, 정육업자, 경비 보안요원, 항해사, 인쇄업자, 목수, 집배원, 치위생사, 원자력 기술자, 운송업자…. 현재 우리에게 너무나도 익숙한 이 직업들이 불과 20년 안에 사라질 가능성이 크다고 합니다. 영국 옥스퍼드대학교 교수 칼 베네딕트 프레이와 마이클 오즈번은 2013년 〈고용의 미래: 우리의 일자리는 컴퓨터화에 얼마나 민감한가〉라는 보고서를 통해 미국의 702개 직업 가운데 47%가 컴퓨터화 가능성이 큰 고위험 직군에 속한다고 밝혔습니다. 20년 안에 700여 개 일자리 가운데 절반가량이 사라진다는 것입니다.

우리나라의 소프트웨어정책연구소에서는 2016년에 〈소프트웨어 중심 사회에서의 미래 일자리 연구〉를 발표했습니다. 이에 따르면 프레이와 오즈번의 연구 방법을 한국에 적용할 경우 일자리가 사라질 위험이 큰 고위험

군 직업 종사자가 미국보다 더 많은 63%에 달했습니다. 우리나라 직업의 3분의 2가 컴퓨터화로 인해 사라질지도 모른다는 의미입니다.

한국은 특히 최근 문재인 정부가 최저임금을 큰 폭으로 인상하면서, 유통 업계에서 인건비 절감을 위한 무인화 시스템이 적극적으로 도입되고 있습니다. 인공지능 결제 로봇이나 무인 점포, 셀프형 매장 등 미래형 편의점이 그 예입니다.

■ 무인화 시스템을 도입한 매장

하는 것이지요. 그러면 근로 시간이 줄어도 임금이 올라가는 긍정적인 변화를 기대할 수 있습니다.

4차 산업혁명이 노동 수요의 감소를 가져올 것은 불 보듯 뻔한 일입니다. 기술 발전으로 인한 일자리 감소는 이미 일어나고 있습니다. 브루킹스 연구소의 2015년 자료에 따르면 지난 7년 동안 미국 자동차 산업의 연간 생산량은 20% 정도 늘었지만, 직원 수는 오히려 10% 이상 줄었습니다. 지금 추세대로라면 2025년까지 미국에서 무인 자동차가 상용화하여 자동차 부품 제조 부문에서 88만 명, 딜러와 AS 부문에서 302만 명, 트럭, 버스, 택시 운전사

600만 명 등 무려 1,000만 개의 일자리가 사라진다고 합니다. 여기에 더해 자동차 보험, 렌터카 회사, 주차 사업, 교통경찰, 운전학원도 모두 사라질 수 있습니다. 기계의 능력과 인간의 능력이 분야별로 적절하게 결합하는 것이 관건이 될 것입니다.

기업들은 다가올 변화를 미리 준비해야 합니다. 이처럼 준비된 기업을 통해 경제가 성장하겠지요. 우선 4차 산업혁명 시대에 생산과 소비는 일대 변화를 일으킬 것입니다. 인공지능과 빅데이터가 결합한 지능정보 기술로 데이터와 지식이 기존 생산요소(노동, 자본)보다 중요한 자리를 점하겠지요. 아울러 여러 제품과 서비스가 융합해 산업 간에 경계가 희미해지고, 지능화된 기계는 의사, 변호사, 기자, 통역사 등 지적 노동까지 자동화할 것입니다. 소비는 상호작용성이 더욱 강화될 것입니다. 소비자의 의견이 적극적으로 반영되는 것이지요. 4차 산업혁명은 네트워크, 빅데이터, 인공지능, 클라우드, 사물 인터넷으로 저장한 데이터를 바탕으로 생산 과정에 소비자의 요구를 직접 반영할 수 있기 때문입니다. 이렇게 되면 제품뿐만 아니라 서비스까지 소비자의 눈높이에 맞춰 생산할 수 있습니다. 경제 구조 자체가 재편되고 신시장이 생기면서 새로운 부가가치가 창출되는 것입니다.

실버 문화와 혼족 문화

기업은 인구 변동을 앞서 읽어 나가면서 제품과 서비스를 생산해야 할 것입니다. 특히 고령화로 노인 중심의 실버 문화가 큰 흐름을 차지할 것입니다. 이들이 경제활동을 재개할 수도 있고, 소비 활동을 늘릴 수도 있습니다. 혼족 문화와 맞물려 반려동물 시장이 빠른 속도로 성장한 것도 큰 변화입니다.

경제 성장을 위해서는 가구의 변화에도 주목해야 합니다. 가구원 수는 줄어들지만, 가구 수는 늘어날 것입니다. 1~2인 가구가 증가하기 때문이지요. 이미 우리나라는 1인 가구가 대세입니다. 2015년 기준 1인 가구는 약 27%였는데, 앞으로 이 수치는 더 증가할 것입니다. 통계청은 2025년 1인 가구는 약 32%, 2035년에는 35%까지 증가할 것으로 내다보고 있습니다. 1~2인 가구 중에서도 눈에 띄는 것은 젊은 인구가 아닌 고령 1~2인 가구입니다. 막 은퇴한 노인 1~2인 가구가 늘어나고 있습니다. 1~2인 가구가 늘어나면 소형 아파트, 소형 가전, 간편식 수요가 커지겠지요. 기업들은 이처럼 축소되는 가구의 필요에 맞춰 부가가치를 창출해야 할 것입니다.

싱글 인구의 급증에도 관심을 기울여야 합니다. 우리나라의 혼인율은 갈수록 낮아지는 추세이고, 이혼이나 사별한 후에 재혼하는 비율도 떨어지고

❚ 혼족 문화가 트렌드로 자리매김했다.

있습니다. 랜선 라이프라든지 혼족 문화 등 싱글 인구의 생활양식을 연구하면 새로운 제품과 서비스를 만들어 낼 수 있을 것입니다.

집중탐구 **혼족**

혼자 먹고, 혼자 놀고, 혼자 쇼핑하고, 혼자 여행 가고…. 대부분의 생활을 혼자서 하는 '혼족'이 늘어나고 있습니다. 연애도 결혼도 하지 않는 이들은 장년과 노년이 되어서도 1인 가구로 살아갈 확률이 매우 높습니다. 앞으로도 혼족 문화는 우리 문화에서 높은 비중을 차지할 것으로 보입니다.

통계청에 따르면 1인 가구가 1990년까지만 해도 9%에 불과했지만 2010년에는 24%에 달했고 2020년에는 30%까지 도달할 것이라고 예상했습니다. 2045년에는 1인 가구 가운데 60세 이상 비중이 54%까지 치솟을 것으로 예측되었습니다.

혼족 문화는 욜로(YOLO, You Only Live Once), 즉 '한 번뿐인 인생에서 현재를 즐기며 살겠다.'라는 트렌드와 함께 더욱 성장할 것입니다. 남을 위해 희생하는 대신 자기 자신에게 투자하며 인생을 즐기는 것입니다. 예를 들면 혼자서 넷플릭스를 시청하고, 카카오페이지에서 글을 읽고, 코인노래방에 가고, 혼자 드라이브하는 식입니다. 음식점에서는 혼자 편하게 식사할 수 있도록 인테리어를 바꾸는 곳이 늘어나고 있습니다.

최근에는 연인이나 지인과의 대인관계에서 피로를 느껴 혼족을 택하는 이들도 있습니다. 사회 분위기도 예전과 달리 혼자서 밥 먹고 혼자서 놀아도 이상하거나 불쌍하게 보는 시선이 많이 줄었습니다. 그러나 사람이 관계하면서 서로 발전하고 인생의 폭을 넓혀 간다는 차원에서는 혼족을 향한 우려의 목소리도 높습니다.

간추려 보기

- 결혼과 출산을 당연시하지 않는 가치관이 확산하였다. 온라인에서의 관계나 주거 공동체를 선호하는 추세도 두드러진다. 하지만 가정에서만 익힐 수 있는 관계의 가치를 고려하면, 가정의 붕괴를 회복하기 위한 사회의 점진적 노력이 필요하다.
- 일과 육아의 이중고를 겪어 온 여성들의 권리를 재고해야 한다. 경력을 지향하는 여성들을 위해 육아 부담을 사회적으로 분담해야 하고, 육아를 바라는 여성들을 위해 육아휴직 등의 제도적 지원을 보장해야 한다.
- 인구가 감소하는 추세에서 노동생산성을 끌어올려 사회적으로 재분배할 만한 수익을 내려면 우선 기술 혁신이 필요하다. 기술 혁신에 공헌할 인재를 기르기 위해 기존 교육 제도를 재고해야 한다.
- 4차 산업혁명, 실버 문화와 혼족 문화 등으로 말미암아 경제 구조 자체가 재편되고 새로운 시장이 생길 것이다.

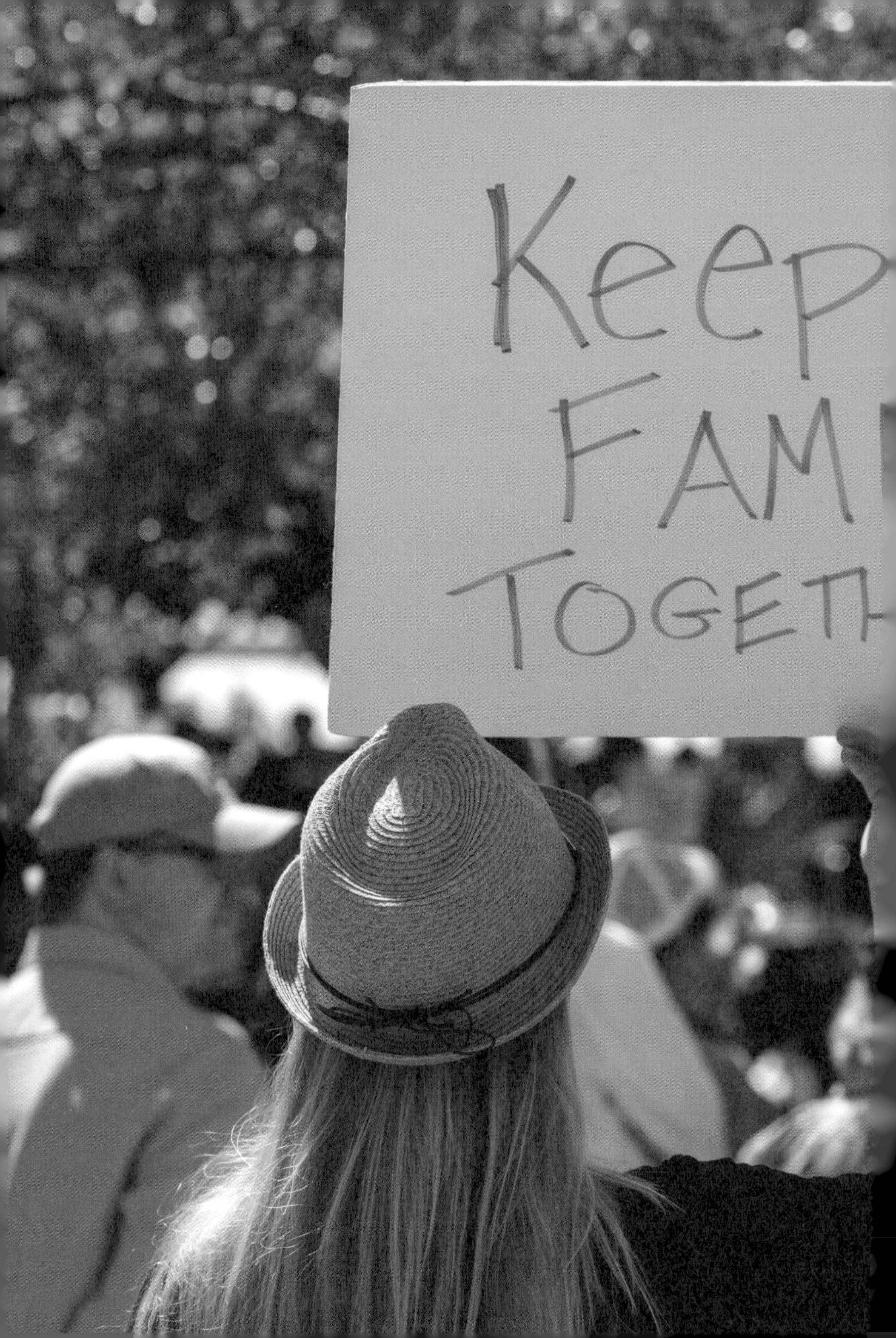
Keep
FAM
TOGETH

6장 공존과 공영을 위하여

우리보다 먼저 저출산과 고령화를 경험한 이탈리아, 독일, 스페인 등이 그나마 인구를 나름대로 유지할 수 있었던 것은 이민 덕분입니다. 외국인 유입은 인구 이동의 한 가지로서 인구 문제 해결에 도움이 될 수 있습니다. 미국이 대표적인 사례지요. 현재 미국은 백인 인구 출산율이 많이 떨어졌지만, 총인구는 오히려 늘고 있습니다. 중남미에서 넘어온 히스패닉 인구 때문입니다. 물론 현재는 트럼프 미국 대통령의 강경한 반이민 정책으로 인해 추이가 뒤바뀔 소지도 다분합니다. 하지만 이민자들에 의해 수립되고 이민자들에 의해 발전해 온 미국의 역사적 특성이 무시되고 있다는 목소리도 만만치 않지요.

아무튼, 우리도 인구 감소가 문제라면 다른 나라들처럼 외국인을 받아들이면 되지 않을까요? 그렇습니다. 저출산 기세가 좀처럼 꺾이지 않자 국내에서 떠오른 대안 중 하나가 개방적 이민 정책입니다. 이주열 한국은행 총재는 "저출산 대응을 위해 전문 기술 분야 위주의 이민 유입책을 검토해 볼 만하다."라고 밝혔습니다. 하지만 국내 외국인 근로자 100만 명 시대를 앞두고 이민 정책의 부작용 역시 꼼꼼히 살펴보아야 합니다.

▍ 트럼프 미국 대통령의 반이민 정책에 대한 반발도 거세다.

이민 유입을 위한 우리의 여건

그런데 가만히 생각해 보면 우리가 외국인을 받아들일지를 고민하기 이전에, 외국인이 과연 우리나라에 들어올지를 먼저 생각해 봐야 합니다. 2015년 인구 총조사에 따르면 2010년 이후 이주민 수는 크게 줄었습니다. 우선 혼인을 위해 이주하는 외국 여성이 크게 줄었습니다. 이는 우리나라의 비혼 인구가 늘어난 것과 관련 있습니다. 2010년에 혼인을 목적으로 이주한 여성은 26,300명이었는데, 2015년에는 14,000여 명으로 크게 줄었습니다. 우리나라에 혼인을 목적으로 이주해 오는 외국인 여성은 베트남인과 조선족이 제일 많은데, 특히 베트남 여성과 결혼하는 농촌 총각이 크게 줄었습니다. 상대적으로 재혼 비율이 높았던 조선족 또한 마찬가지입니다. 이러한 추세대로라면 앞으로 베트남과 조선족 여성의 유입은 더 줄어들 가능성이 큽니다.

더욱이 돈을 벌기 위해 국내에 들어오는 조선족 역시 줄어들고 있습니다.

그런데 우리 정부와 기업은 애초부터 해외 이주 노동자를 적극적으로 받아들일 생각이 없었습니다. 외국인 노동자를 받아들일 때부터 이들이 계속 머물러 사는 것을 차단하기 위한 정책을 설계했습니다. 현재의 고용허가제는 3년간 특정 사업장에서 일하도록 하고 있는데, 사업장 변경은 사업주의 폭행, 상습 폭언, 임금 체납 등을 정부가 인정한 경우에만 3회 가능합니다. 그러나 입증이 쉽지 않아 합법적 이동이 어렵습니다.

그러나 우리나라처럼 폐쇄적 이민 정책으로 일관했던 일본의 변화를 보면 우리도 정책을 재고할 필요가 느껴집니다. 일본은 민족주의를 강조하며 이민 유입을 반대했지만, 인구가 현격히 줄어들면서 그 같은 폐쇄주의가 많이 사라졌습니다. 아베 일본 총리는 2016년 "신속한 이민 시스템 구축"을 정부의 목표로 선언하기도 했지요. 그 결과 일본 현지에서 산업폐기물이나 일반 쓰레기 처리업 분야에 일본인이 일하는 경우는 거의 없고, 공사장 인부, 빌딩 관리 일도 점차 외국인이 맡는 추세라고 합니다.

미국 실리콘밸리의 기업 가운데 절반은 이민자가 창업한 것입니다. 적극적인 이민 정책이 국가에 경제적으로도 큰 득이 될 수 있음을 보여 주는 사례입니다. 하지만 문제는 우리나라가 그 같은 고급 인력 이민자를 받아들일 준비가 되어 있냐는 점이지요. 결론적으로 우리는 아직 그럴 만한 사회적, 문화적 준비가 부족합니다. 기업들 역시 비숙련이지만 저임금을 선호해 단순노동에 외국인들을 고용해 왔지요. 그래서 이들은 한국에서 경제적으로 안정된 삶을 살기가 어렵습니다. 그뿐 아니라 한국에서 태어난 이민 2세나 한국인과 결혼한 다문화가족의 자녀는 학교와 사회에서 따돌림을 당하

▌ 저임금, 단순노동에 편중된 외국인 노동자 고용 구조를 개선해야 한다.

여 적응이 힘듭니다.

이민 정책은 서로 다른 문화 간의 갈등을 줄이고, 이주민들의 삶이 어려워져 사회적인 일탈 행동을 하지 않도록 마련해야 합니다. 단지 노동 차원이나 인구 증가 차원에서 바라볼 일이 아니지요. 현재 국내 저소득층 노동자는 이주민과 일자리 경쟁을 해야 하고, 그 결과 기존 저소득층 노동자의 임금이 줄어들기도 했습니다. 외국인 밀집 지역은 슬럼화하기도 하지요. 이민 정책이 종합적으로 검토되어야 할 이유입니다.

통일

골드만삭스의 보고서에 따르면 남북한의 점진적 통합을 전제로 통일 한국의 GDP가 일본, 독일을 훨씬 넘어설 것으로 전망됩니다. 통일 한국은 인구 8,000만 명의 세계 7대 경제 강국으로 떠오르게 되고, 유라시아·태평양 경제권의 허브 국가 역할을 맡을 것으로 기대됩니다. 인구 8,000만 명에 달하는 단일국가 경제권이 형성되면 규모의 경제가 가능해집니다. 수출 의존도가 높은 기존의 경제에서 내수와 수출이 조화를 이룬 경제로 전환될 수 있지요. 내수가 탄탄하게 뒷받침될 때 수출이 호황을 누리면 괄목할 만한 경제 성장을 이룰 수 있을 것입니다.

통일하면 한반도의 인구는 분명 늘겠지만 한 가지 변수가 있습니다. 바로 북한의 저출산 현상이 심각하다는 것입니다. 북한의 합계출산율은 우리나라보다는 높지만 2명이 채 되지 않습니다. 북한과 경제 규모가 비슷한 국가들은 합계출산율이 평균 4.7명이니, 북한은 굉장히 낮은 편입니다. 경제가 어려운데 남성은 군대에서 장기 복무해야 하고 여성도 일을 하는 경우가 많아 결혼 시기마저 늦춰진다는 점 등이 원인으로 꼽힙니다. 남북한에서 지금과

알아 두기

규모의 경제
규모의 경제란 생산량이 증가함에 따라 단위당 생산비가 감소하는 현상을 말합니다. 생산비용이 감소하면 공급 가격이 하락하여 소비자의 대량 소비를 촉진할 수 있습니다. 이로써 생산자와 소비자 모두가 이윤을 얻는 것입니다. 과거 포드자동차가 미국의 자동차 시장을 제패할 수 있었던 것은 바로 규모의 경제를 달성했기 때문입니다. 대량생산을 통해 당시 비쌌던 자동차 가격을 떨어뜨려 자동차의 대중화를 선도했었습니다.

북한에서 일정한 형태의 체제 전환이라든지 사회 변화가 일어날 때 북한 고령화 자체가 가속할 수 있으므로, 한반도 전체 인구 구조로 볼 때 고령화되는 추세를 크게 막을 수 있는 구조는 아니다.

— **최준욱** 한국조세재정연구원 선임위원

같은 출산율이 계속되면 한반도 인구는 15년 뒤 7,925만 명을 기점으로 감소하기 시작해 2061년에는 7천만 명 밑으로 떨어지리라고 예상됩니다. 즉 통일된다 해도 인구 대국을 유지하기는 어렵다는 것입니다.

남북이 통일되면 북한의 자원과 남한의 기술, 거대 내수시장을 바탕으로 국민소득이 세계 2위까지 뛰어오를 것이라는 장밋빛 전망도 존재합니다. 이러한 낙관이 실현되려면 통일 한국의 인구 규모가 유지되어야 할 텐데요. 통일된 독일뿐 아니라 공산주의에서 자본주의로 체제가 바뀐 나라 모두 출산율이 뚝 떨어졌다는 통계가 있습니다. 따라서 우리 역시 통일을 전후한 사회적 혼란기에 출산을 꺼릴 경우를 대비해야 할 것입니다. 또한, 현재 북한은 의료 시설이 열악해서 출산아 100명 중 3명은 5세를 넘기지 못하고 숨을 거둡니다. 임신 중이나 출산 이후에 사망하는 산모 역시 남한보다 10배 넘게 많습니다. 아동과 가임 여성 수 모두 줄어 출산율이 빠르게 감소하고 있는 것이지요. 그래서 통일 이후를 대비하려면 통일 한국을 위한 장기적인 인구 정책이 필요합니다.

저성장

2015년 4월 IMF의 세계 경제전망 보고서에 따르면 주요 20개국의 잠재성장률이 대부분 감소했습니다. 즉 세계 경제가 저성장이라는 새로운 국면으로 접어들고 있는 셈입니다. 주요국을 기준으로 했을 때 1%대 성장률이면 저성장이라고 하는데요. 저성장을 일으키는 주요 요인은 공급 과잉입니다. 고전 경제학에서는 경제 성장에 필요한 요소를 노동, 자본, 기술에서 찾았는데요. 경제 성장이라는 것을 생산의 측면에서 이해했기 때문이에요. 더 많이 만들어 내면 경제가 더 성장하리라고 본 것입니다. 그렇게 본다면 일하는 사람(노동), 일할 수 있는 공장(자본), 더 잘 일할 수 있는 능력(기술)이 확보되면 더 많이 생산하고 당연히 경제는 성장하겠지요.

이에 대해 경제학자 케인스가 의문을 제기했습니다. 수요가 공급을 뒷받침해야 경제가 성장한다는 것입니다. 아무리 물건을 많이 그리고 잘 만들어도 그것을 사 줄 사람이 있어야 경제가 돌아가는 것이지요. 그는 또한 국가

▮ 존 메이너드 케인스

공공지출의 중요성을 강조함으로써 고전 경제학의 방향을 자유 방임 자본주의에서 수정 자본주의로 바꾼 인물입니다. 실제 그의 이론에 따라 루스벨트 미국 대통령이 뉴딜정책을 시행해 효과를 보았지요.

저출산, 고령화 시대를 맞아 중요한 것은 정부의 재정입니다. 정부의 재정 악화는 이미 벌어지고 있는 일입니다. 경기는 침체하는데 복지 비용은 늘어나고, 그렇다고 세금을 늘리지는 않으니 당연히 발생할 수밖에 없는 현상이지요. 2018년 복지예산이 전체 예산(429조 원)의 34%에 달한다고 하니 재정이 더 악화하는 것은 불 보듯 뻔한 일입니다. 일본에서 골머리를 앓았던 적자 국채가 한국에서도 2016년 기준으로 이미 600조 원에 달합니다. 1997년의 60조 원보다 10배가 늘어난 셈입니다. 2016년 기준으로 아직 GDP 대비 국가 부채는 43%대로 OECD 평균인 116%에 비하면 낮은 편입니다. 하지만 공공기관과 공기업의 공공부채와 지방정부의 부채, 그리고 공적연금의 미래 지급액까지 고려하면 한국은 이미 재정 위기를 겪고 있다는 것이 일반적인 견해입니다. 더구나 앞으로는 경제성장률이 더 떨어져 수입이 감소할 가능성이 크므로 재정 악화는 피하기 힘든 상황입니다. 제로 성장과 재정 악화가 예견된 셈입니다.

한국처럼 대외 무역 의존도가 높은 경제 체제에서는 재정적자를 버텨 내기가 더더욱 어렵습니다. IMF 때의 재정 위기가 또다시 닥칠지도 모릅니다. 노년 인구가 더 늘어나기 전에 재정 건전성을 확보해야 합니다.

경제의 내적 성숙

우리는 저성장이 과연 위기이기만 한 것일지 생각해 보아야 합니다. 인류는 과거에도 경제위기를 수차례 겪었습니다. 그때마다 위기를 극복했던 것은 기술 혁신 덕분입니다. 철도와 전기, 자동차가 기술 혁신의 주인공이었지요. 이후 인류는 인터넷과 스마트폰, AI 등 효율성을 끌어올릴 수 있는 혁신 기술을 발전시켜 왔습니다. 물론 기술 혁신의 파급 효과가 예전만큼 크지 않기 때문에, 현재의 저성장 기조가 사그라지기 쉽진 않습니다. 특히 4차 산업혁명은 더는 산업을 확장하지 못합니다. 4차 산업혁명으로부터 생산된 상품과 서비스를 충당할 만한 수요가 있는지도 아직은 불확실합니다. 4차 산업혁명의 초입에 서 있는 현재로서는 노동, 자본, 기술, 수요 모두가 부족하거나 불완전합니다. 기존의 성장 시대 논리로는 대응하기 힘듭니다. 특히 우리

알아 두기

합리적 소비와 윤리적 소비

합리적 소비는 소비자가 구매하고자 하는 상품의 가격과 품질 등을 꼼꼼히 따져 그 상품을 소비할 때 얻게 되는 만족감과 그 상품의 소비에 따르는 기회비용(경제적 행위를 할 때 선택의 대가로 내야 하는 비용)을 생각하고 소비하는 것을 말합니다. 이때 자신의 소득 범위 내에서 여러 가지 상품 중 내게 필요한 것이 무엇인지 선정하고 현재뿐 아니라 미래까지 고려해 가계의 만족을 극대화하는 소비 행위를 합리적 소비라 합니다.

윤리적 소비는 공정무역(Fair Trade) 운동을 포함한 소비자 운동을 의미합니다. 인간과 동물, 환경에 해를 끼치는 상품을 사지 않고, 공정무역으로 생산된 상품을 구매합니다. 조금 더 비싸고 조금 귀찮더라도 소비 행위에서 윤리를 찾는 소비자들이 늘어나고 있습니다.

나라는 아직도 대기업이 경제를 주도합니다. 그러나 대기업이 잘된다고 해서 그 부가 나누어지는 것이 아니라 오히려 양극화를 심화하기도 한다는 사실을 우리는 그동안의 경험으로 충분히 알고 있습니다.

　사람과 비슷하게 생각하면 어떨까요? 사람이 신체적, 즉 외적으로 성장하는 것은 20대에 끝나지만 이후 내적 성숙이 지속해서 이루어집니다. 경제 역시 성장기를 지나 이제 서서히 내적 성숙을 이루어 가는 시기로 볼 수 있습니다. 자본주의라는 개념이 19세기에 처음 등장해 인류가 200여 년 동안 자본주의를 경험한 지금, 우리는 과연 우리에게 필요한 것을 생산했고, 우리에

사례탐구 **나라를 위한 소비**

스티브 잡스, 오바마 전 대통령 등 미국의 유명인사들이 즐겨 신었던 것으로 유명한 미국의 운동화 브랜드 '뉴발란스'는 판매 전략이 특별합니다. 뉴욕 맨해튼의 뉴발란스 매장 한쪽 쇼윈도룸에서 직원이 직접 손으로 신발을 만드는 과정을 가까이서 지켜볼 수 있게 합니다. 고객들은 운동화 제작 과정을 직접 보면서 자신이 내는 운동화 가격 속에 한 사람의 노동, 한 사람의 일자리가 담겨 있음을 생각하게 됩니다.

뉴발란스는 운동화의 70%를 미국에서 생산합니다. 운동화에 'Made in USA'를 크게 새겨 넣을 정도로 자국 내에서 생산한다는 사실을 중요한 브랜드 가치로 삼고 있습니다. 뉴발란스 고객들은 제품을 구매하면서 자국민에게 일자리를 제공하는 소비를 한다는 것에 의미를 둡니다. 일자리를 다시 미국으로 돌아오게 하도록 값을 더 주더라도 물건을 살 의향이 있다는 것입니다. 이러한 성원에 힘입어 뉴발란스의 매출액은 꾸준히 상승했습니다.

게 필요한 것을 소비했는지 돌아보아야 할 것입니다. 지금 시기는 바로 그렇게 숨을 고를 때입니다. 최근에 두드러진 소비문화인 합리적 소비, 윤리적 소비도 같은 맥락에서 이해할 수 있을 것입니다.

공생을 모색하다

저성장 시대에는 자기를 과시하기 위한 소비보다는 가치 지향적인 소비를 추구합니다. 버는 돈이 줄어드니 쓰는 돈이 줄어드는 것이 당연하지만, 대신 과거와 달리 가치 있는 일에 돈을 쓰려는 사람이 많아지고 있습니다. 또한, 일자리를 창출하거나 환경을 보호하는 사회적 기업에 대한 선호도가 높아지고 있지요.

저성장의 영향은 단지 경제적인 것에 머물지 않을 것입니다. 정치, 사회, 문화 등 거의 모든 분야가 저성장의 영향을 받을 것입니다. 가치관과 생활방식이 현격히 달라지겠지요. 경제 성장을 목청 높여 외치지만, 경제 성장이라는 것도 지속 가능성이 담보되었을 때 의미가 있는 것입니다. 사회와 사회구성원이 신음하고 있다면 아무리 국가가 경제 성장을 이루어도 무슨 소용이 있을까요. 특히 양극화가 심해지는 경제 성장은 사회 갈등을 부추길 뿐입니다. 서울과 지방, 부자와 빈민, 대기업과 중소기업의 양극화가 갈수록 심해지는 것은 결국 서로에게 득이 되지 못합니다.

이런 면에서 중소기업이 90%가 넘는 독일의 경우는 시사하는 바가 큽니다. 생산성과 효율성 면에서 세계 1위를 달리는 독일은 2008년과 2011년 세계를 강타한 경제위기에도 크게 타격을 입지 않았고, 유럽에서 가장 낮은 청년 실업률을 기록 중입니다. 대기업 한둘이 아닌 수많은 중소기업이 경제를 떠받치고 있기 때문이지요.

독일 정부는 중소기업을 다방면으로 지원하고, 직업 교육을 통해 체계적으로 기능공을 양성합니다. 사람들은 수십 년씩 때로는 대를 이어 한 직장에 다니며 회사에 대한 자부심이 대단하지요. 대기업과 협력업체는 동등한 동반 관계며, 직원 대우도 비슷한 수준을 유지합니다. 승자 독식 대신 공생의 가치를 택하면서 독일은 진정한 경제 강국이 될 수 있었던 것입니다.

인간이 문명을 이룩하고 발전시킬 수 있었던 것은 공존과 공생을 지향하는 거대한 움직임이 있었기 때문입니다. 공존과 공생의 가치만큼 인류에게 필요한 것이 또 있을까요?

젊은이에게 투자해 주세요

생애주기별로 인간이 경험하던 것들이 있었습니다. 출생, 교육, 취업, 결혼, 출산, 은퇴가 그것이지요. 불과 몇십 년 전만 해도 이러한 생애주기를 그리며 살아가는 것이 당연하고 또 자연스러운 일이었습니다. 이러한 생애주기는 개인적으로뿐만 아니라 사회적으로 건강한 생활을 영위하도록 하는 데 유익한 것이 사실입니다. 그런데 애초부터 이러한 인생 경로를 꿈도 꾸지 못하는 청년 인구가 계속해서 생겨난다면 이것은 개인적, 사회적으로 엄청 불행한 일이겠지요. 거의 모든 것을 포기해야 하는 N포 세대라는 용어에 대해, 청년들이 그렇게 포기한 것이 아니라 사회가 포기하게끔 만든 것이라는 여론이 최근 조성되고 있는 것은 바람직한 현상입니다. 취업난에 사회 진출 단계에서부터 좌절하는 청년들이 많은 것은 사회적으로 매우 불행한 일입니다. 한 나라의 희망은 청년들에게 있기 때문이지요. 그래서 사회는 유소년이 도전적인 청년으로 성장하고, 청년이 건강한 중년으로 가정과 사회에 자리매김할 수 있도록 하는 것을 중시합니다. 특히 인구 문제와 관련해서는 청년세대의 빈곤이 출산율 감소를 불러왔다는 점을 유의해야 합니다.

전 세계적으로 불황을 겪고 있는데도 독일이 부국의 자리를 지킬 수 있는 이유는 바로 '청년 투자'에 있습니다. 독일은 1970년대부터 청년에 투자했습니다. 청년 세대를 살려서 모든 세대가 잘살 수 있도록 하기 위함이었어요. 물론 독일은 이러한 청년 투자가 가능한 교육 제도를 갖추고 있습니다. 독일의 직업 교육 제도와 마이스터 제도는 기업들이 필요로 하는 숙련된 인력을 키워냅니다. 이러한 제도들은 청년들이 자신의 적성을 살리고 경쟁력을 높이는 데 큰 도움이 됩니다. 저출산과 고령화가 똑같이 찾아와도 독일은 청년 투자를 통해서 그 해법을 찾아갑니다. 물론 하루아침에 독일처럼 될 수

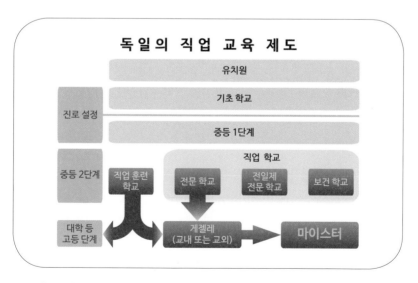

독일은 공교육 과정에 직업 교육을 체계적으로 마련해두었다.

는 없습니다. 특히 교육 제도가 그렇지요. 짧은 기간에 갖출 수 있는 것이 아닙니다. 그렇지만 변화하는 시대에 걸맞은 교육 제도를 갖추려는 노력을 포기할 수도 없습니다.

실패의 가치

실패해도 또 도전하는 사회 여건과 문화 역시 조성되어야 합니다. 핀란드에는 이처럼 실패를 귀히 여기는 문화가 자리 잡혀 있습니다. 핀란드에서 매년 10월 13일은 '실패의 날(Day for Failure)'입니다. 전 국민의 4분의 1이 지켜보는 국가적 행사라고 합니다.

사소한 것이라도 서로의 실패 경험을 공유하자는 '실패의 날' 캠페인은 핀란드 한 대학의 벤처창업 동아리에서 제안했다고 합니다. 지난 1년 동안 저지른 실수나 실패한 사례를 다른 사람들과 함께 나누어, 다시는 그런 실수나 실패를 하지 않도록 반전의 기회로 삼자는 취지입니다.

이날이 되면 대학생부터 교수, 창업자, 유명인사까지 자신의 실패담을 나눕니다. 특히 실패의 날이 제정된 2011년, 핀란드의 대표적 기업이자 세계적인 휴대전화 기업이었던 노키아가 자신들의 실패담을 솔직하게 털어놓아 이목을 끌었습니다.

한때 세계 휴대전화 점유율 1위를 구가하던 노키아 덕분에 핀란드 국민은 안정적인 일자리를 얻을 수 있었습니다. 그러나 노키아는 스마트폰 시장에 적응하지 못한 채 빠르게 몰락했습니다. 수많은 사람이 실직과 해고의 아픔을 겪었지요.

실패의 날이 제정된 이래로 노키아 전 명예회장뿐 아니라 유수 기업의 유

명 기업인들이 자신의 실패 경험과 그것을 통해 얻은 교훈을 사람들과 나누기 시작했습니다. 날지 않는 새, 앵그리 버드 게임은 어느 게임 회사가 51번 실패한 끝에 52번째로 출시했다는 걸 아나요? 그 많은 실패 덕분에 앵그리 버드 게임은 전 세계적인 성공을 거두었습니다.

'실패의 날'은 '자신의 실패 경험을 자랑하고, 타인의 실패를 축하해 주는 날'입니다. 실수와 실패 앞에서 의기소침해지는 우리에게는 낯선 문화지요. 결국, 우리는 실수와 실패를 표현하고 공유하고 반성하고 활용하지 못합니다.

노키아의 실패담 고백은 핀란드인들에게 큰 반향을 불러일으켰습니다. 나라를 먹여 살린 노키아의 실패는 핀란드 사회 전반에 지대한 영향을 미쳤으나, 실패에 대한 두려움을 가지고 있던 기성세대들에게 오히려 실패의 긍정적 의미를 되새기는 기회를 제공했다는 점에서는 좋은 계기가 되었다는 평가를 받고 있습니다. 그리고 이 실패의 날 행사는 이제 전 세계 30여 개 나라가 참여하는 국제적인 행사로 발전했습니다.

세계 곳곳에서 실패의 가치에 주목하는 기업이 늘어나고 있습니다. 일본

굴지의 기업 혼다는 한 해 동안 가장 크게 실패한 연구원에게 '올해의 실패왕' 상과 함께 약 1,000만 원의 상금을 줍니다. 유명 모바일 게임 회사인 슈퍼셀 역시 실패한 팀이나 개인에게 '실패 축하 파티'를 열어 줍니다. 개인의 실패는 그 사람의 인생 실패를 막을 뿐 아니라 공동체의 실수 예방책이자 발전의 원동력이 될 수 있다는 인식이 퍼지고 있습니다. 실패는 충분히 위로받고 축하받고 격려받아야 합니다. 물론 이는 청춘에게든 노년에게든 마찬가지입니다. 우리는 평생 실패할 테니까요. 그리고 그렇게 실패한 만큼 커 가고요.

세계적인 청년 문제

안타깝게도 한국의 미래를 책임질 청년들의 삶이 더욱더 각박해지고 있습니다. 결혼과 출산은 고사하고 자신의 앞가림조차 하기 힘들 때입니다. 취업이 된다 해도 계속해서 일할 수 있을지 위태로운 상황인 데다 비정규직으로 일하는 청년도 많습니다. 우리나라는 노동자의 3분의 1이 정규직 월급의 절반을 받는 비정규직입니다. 청년들의 고용환경은 더 열악합니다. 일하는 청년 3명 중 1명이 비정규직이고, 청년 10명 중 1명은 실업 상태입니다. 현대경제연구원의 조사에 따르면 한국의 니트족은 지난 10년간 네 배나 증가하여 86만 명에 이르는 것으로 추산됩니다.

초고령 국가 이탈리아에서 청년들이 겪는 고통 역시 이만저만이 아닙니다. 40%가 넘는 살벌한 청년 실업률 탓에 직장을 사고파는 암거래까지 나타나고 있답니다. 택시 운전기사나 교수 등의 직종을 가진 부모들이 자녀에게 일자리를 물려주는 세습도 일어납니다.

반면에 스웨덴은 저성장 시대에 맞는 해법을 찾아 사회 시스템과 구조를

알아 두기

니트(NEET)족

Not in Education, Employment or Training의 줄임말입니다. 취업을 위한 정규 교육이나 직업 훈련도 받지 않는 청년 무직자를 뜻합니다. 보통 15~34세 사이의 취업인구 가운데 미혼으로 학교에 다니지 않으면서 집안일도 하지 않는 사람을 가리키며 무업자(無業者)라고도 합니다. 2018년 국회예산정책처의 분석에 따르면 최근 3년간 15~29세 청년층 인구는 증가하는 가운데 청년층 취업자 수는 정체됐지만, 청년 니트족의 비중은 높아지는 추세입니다. 니트족 인구는 2015년 163만 명, 2016년 168만 명, 2017년 174만 명으로 해마다 증가했습니다. 전체 청년층 인구 중 니트족의 비중은 2014년 13.7%였다가 2015년 14.3%, 2016년 14.4%, 2017년 14.8%로 상승해 왔습니다.

니트족은 취업하려는 의지가 전혀 없으므로, 일할 의지는 있지만 일자리를 구하지 못하는 실업자나 아르바이트로 생활하는 프리터족과 다릅니다.

소득이 없는 니트족은 소비 능력도 부족하므로 이들이 늘어날수록 경제의 잠재 성장력이 떨어지고 국내총생산도 감소합니다. 이처럼 경제에 악영향을 주는 동시에 실업 문제를 비롯한 여러 가지 사회 문제를 일으킬 우려도 있습니다.

바꾸어 나갔습니다. 그 과정에서 사회적 합의를 이루었다는 것이 중요합니다. 경제가 어려워지자 스웨덴 국민은 머리를 맞대기 시작했습니다. 기업과 노조, 청년 세대와 노년 세대, 농촌과 도시가 모두 사회 전체를 위해 양보하고 타협했지요. 그 결과 스웨덴은 세계가 부러워하는 복지 제도를 유지하면서도 저성장의 위기에서 벗어날 수 있었습니다. 이것이 스웨덴과 이탈리아를 가른 결정적 차이입니다. 특히 정부의 자세부터 다릅니다. 스웨덴에서 국회

결혼과 소비 생활에 관심 없는 일본의 사토리 세대

일본 사회는 청년의 문제를 해결해 주지 못했습니다. 고령자 중심의 정책과 인위적인 경기 부양책들이 쏟아졌을 뿐, 정작 결혼과 출산의 당사자인 청년들의 삶은 외면당했습니다. 당장의 정치적 이해와 경제 재건이라는 목표하에 청년들의 고통은 뒷순위로 밀려났습니다.

일본에서는 청년층의 괴로움을 세대 특성과 가치관으로 이해했습니다. 현실에 안주하려는 속성 때문에 청년들이 스스로 가난한 삶을 선택했다며 그들을 나무랐습니다. 오죽하면 한 자동차 회사가 젊은이들에게 '운전면허를 따세요'라는 시리즈 광고를 내놓을 정도였습니다.

그 결과 지금 일본은 어떤가요? 생애 미혼 남성 비율은 2010년 이미 20%를 돌파했습니다. 5명 중 1명은 평생 한 번도 결혼하지 않는 것입니다. 일본 젊은이들의 창업률은 OECD 국가 중 최하위를 기록하고 있습니다. 어떤 이들은 이러한 사토리 세대가 소비하지 않는 것을 '청년들의 복수'라고 독하게 표현하기까지 합니다.

의원은 특권층이 아닙니다. 도리어 국가를 위해 희생하고 헌신하는 대표적인 직업 가운데 하나지요. 봉사에 힘써야 하는 힘겨운 자리라 재선, 삼선에 도전하는 국회의원이 손에 꼽을 정도라고 합니다.

공유 경제

우리는 충분히 더 나은 선택을 할 수 있고, 그럴 때 우리가 미처 생각하지 못했던 새로운 기회가 찾아올 수 있습니다. 서로 양보하고 타협하는 사회적 합의가 우선 이루어져야겠지요.

경제 행위의 변화도 수반되어야 합니다. 큰 흐름으로 **공유 경제**를 들 수 있습니다. 물품을 소유의 개념이 아닌 서로 대여해 주고 빌려 쓰는 개념으로 인식하여 경제활동을 하는 것이지요. 공유 경제는 2008년 미국 하버드대학교 로스쿨의 로런스 레시그 교수가 구체화한 용어입니다. 한번 생산된 제품을 여럿이 공유해 쓰는 협력 소비를 기본으로 한 경제 방식을 의미하지요. 대량생산과 대량소비가 특징인 20세기 자본주의 경제의 대안으로 생겨났습니다. 즉 물품은 물론 생산설비나 서비스 등을 개인이 소유할 필요 없이 필요한 만큼 빌려 쓰고, 자신이 필요 없는 경우 다른 사람에게 빌려주는 공유 소비의 의미를 담았습니다.

최근에는 경기 침체와 환경 오염의 대책을 모색하는 사회운동으로도 확대돼 쓰이고 있습니다. 경제 성장을 논할 때, 이제 우리는 지구의 자원이 한정되어 있고 환경이 극심하게 오염되어 가는 점을 반드시 고려해야 합니다. 인구가 줄어든다면 각각의 사람들이 더욱더 하나로 힘을 합치고 지혜를 모아야 경제를 성장시킬 수 있을 것입니다. 공유 경제가 서로에게 유익이 되도록 머리를 맞대는 것이 그 한 예입니다.

같이 갈 때 힘이 난다

경제라는 것은 결국 우리가 다 함께 건강하고 풍요롭게 생활할 수 있는가 하는 문제입니다. 자본주의 경제 체제에서 경제는 성장 일로를 달렸다고 하지만, 인류의 실상을 보면 정서적으로 피폐해진 측면을 결코 무시할 수 없습니다. 세계적으로 중독과 우울증 등 정신적인 질병으로 괴로워하는 사람들이 늘어나고 있지요. 세계에서 유례가 없을 정도로 급속한 경제 성장을 이론 한국은 그만큼 부작용이 더 클 것입니다.

저출산과 고령화 등 인구 문제가 오히려 기회가 될 수 있습니다. 경제 기조에 일대 전환점을 모색해야 하기 때문입니다. 그간 우리는 속도와 양에 골몰해 왔습니다. 더 빨리, 더 많이 생산하고 소비하는 것에 주안점을 두었지요. 그를 통해 우리는 국가적으로는 더 편리하고 풍족한 삶을 영위하게 되었지만, 우리 경제가 국민 개개인의 입장에서 보아도 과연 성숙한가 하는 질문에는 흔쾌히 그렇다고 답할 수 없을 것입니다. 우리나라가 진정으로 주요국 대열에 들어서려면 환경과 교육과 복지 등도 그에 걸맞게 갖추어져야겠지요.

유엔 산하 자문 기구인 지속가능 발전 해법 네트워크(SDSN)는 1인당 국내총생산과 사회적 지원, 기대 수명, 사회적 자유, 관용, 부정부패 정도 등을 측정해 행복지수를 산출하여 발표하는데요. 2019년 3월 SDSN이 발표한 '세계행복보고서'에 따르면 한국의 행복지수는 10점 만점에 5.895점을 받아 조사 국가 156개국 중 54위를 기록했습니다. 한국은 기대 수명(9위)과 1인당 국민소득(27위), 관용(40위) 부문에서는 상위권에 올랐지만, 사회적 자유(144위), 부정부패(100위), 사회적 지원(91위)은 하위권을 맴돌았습니다.

국가적으로는 세계 10위의 경제 대국이지만 국민들의 행복지수가 그에 비해 턱없이 낮은 것은 분명 재고할 일입니다. 몸만 컸다고 성인이 아니겠지요. 몸과 마음을 균형 있게 성장시키는 경제에 관해서도 깊이 생각해 볼 때입니다. 인구 문제도 마찬가지일 것입니다. 단지 인구가 많은 게 경제에 좋은 것일지 우리는 생각해 보아야 합니다. 기업과 사회 기반 시설 등의 극심한 서울 편중, 빈부 격차 심화, 대기업과 중소기업 간의 양극화, 하우스 푸어와 무

주택자들, 사교육으로 병든 교육 환경 등 갖가지 경제의 그늘을 우리는 마주하고 있습니다. 우리 몸의 장기 중 어느 하나만 제대로 작동하지 않아도 몸 전체에 이상이 생기듯이 사회도 균형 있게 건강함을 유지해야 합니다.

대내외적으로 우리가 맞닥뜨린 현실은 녹록지 않습니다. 우리나라의 경제가 둔화했을 뿐 아니라 세계 경제가 전면적으로 저성장 국면에 접어들었기 때문에, 대외 의존도가 심한 우리 경제는 앞으로도 험난한 길을 걷게 될 공산이 큽니다. 더구나 경제 기조가 확 바뀌고 있지요. 4차 산업혁명의 거대한 파고 앞에서 우리는 기술 혁신과 사회 복지라는 두 마리 토끼를 모두 다 잡아야 합니다. 4차 산업혁명은 일자리 편중과 빈부 격차 심화를 가져올 가능성이 크기 때문입니다.

중심을 잘 잡아야 합니다. 우리에게 중요한 것은 함께 더불어 살아가는 공존과 공영의 가치를 추구하는 것입니다. 같이 잘살 수 있는 지속 가능한 발전을 도모하는 것이지요. 청년을 지원하고 노년을 보살피며 서로가 서로를 아울러야 합니다. 앞에서 공존과 공영을 위한 다양한 대안들을 살펴보았습니다. 우리나라에 긴요하며 적합한 대안이 있는지, 또 다른 대안이 있다면 무엇일지 함께 머리를 맞대 봅시다.

간추려 보기

- 우리가 이민 유입을 받아들일지를 고민하기 이전에, 외국인이 과연 우리나라에 들어올지를 먼저 생각해야 한다. 우리는 고급 인력 이민자를 받아들일 사회적, 문화적 준비가 아직 부족하다.
- 남북한이 통일하면 한반도의 인구는 분명 늘 것이다. 하지만 북한의 저출산 현상을 고려하면, 통일 한국이 규모의 경제를 실현하기 쉽지 않은 형편이다.
- 저성장 국면을 경제의 내적 성숙기로 보고, 생산 및 소비의 합리성과 윤리성, 재정 건전성 등을 재고해야 한다.
- 실패해도 또 도전하는 사회 여건과 문화가 청년뿐 아니라 각계각층에 조성되어야 한다.

용어 설명

경제 활동 인구 만 15세 이상의 인구 가운데 노동 능력 및 노동 의사가 있는 인구. 취업자와 실업자를 모두 포함한다.

공유 경제 재화를 여럿이 공유하여 사용하는 공유 소비를 기본으로 하여 자원 활용을 극대화하는 경제 활동 방식. 대량 생산과 대량 소비가 특징인 20세기 자본주의 경제에 반하여 생겨났다.

기대 수명 어떤 사회에 인간이 태어났을 때 앞으로 생존할 것으로 기대되는 평균 생존 연수.

낙수 효과 물이 위에서 아래로 떨어지듯이 대기업이 성장하면 대기업과 연관된 중소기업이 성장하고 새로운 일자리도 많이 창출되어 서민 경제도 좋아지는 효과.

노동 인구 노동을 할 의지와 능력을 갖춘 만 14세 이상의 인구. 학생, 가사 노동자, 노약자를 제외하고 취업자와 휴업자, 그리고 완전 실업자를 합한 인구수이다.

도시 스프롤 현상 도시가 급격하게 발전하면서 땅값이 상승하고 이로 인해 도시 주변 지역에 주택이나 공장 등이 무질서하게 지어져 도시 주변부가 확대되는 현상.

변곡점 굴곡의 방향이 바뀌는 자리를 나타내는 곡선 위의 점

비경제 활동 인구 만 15세 이상의 소비 인구 가운데 노동할 능력과 의사가 없는 인구.

비정규직 근로 방식 및 기간, 고용의 지속성 등에서 정규직과 달리 보장을 받지 못하는 직업나 직무. 계약직, 임시직, 일용직 따위가 이에 속한다.

사물 인터넷 사물에 센서와 프로세서를 장착하여 정보를 수집하고 제어·관리할 수 있도록 인터넷으로 연결된 시스템.

생산 가능 인구 생산 활동이 가능한 15~64세에 해당하는 인구. 경제 활동 인구와 비경제 활동 인구로 나뉜다.

세계경제포럼 1971년에 창설되어 저명한 기업인이나 학자, 정치가, 저널리스트 등이 모여 세계 경제에 대하여 논의하고 연구하는 국제 민간 회의. 1981년부터 매년 1∼2월에 스위스 다보스에서 회의가 열린다.

원초 집단 오랜 시간에 걸쳐 일상적인 관계를 맺으며 상호 간에 일체감과 연대감을 형성하고 있는 집단.

인구 주택 총조사 한 나라의 인구와 주택의 총수는 물론, 개별 특성까지 파악하여 각종 경제·사회 발전 계획의 수립 및 평가와 각종 학술 연구, 민간 부문의 경영 계획 수립에 활용하기 위해 실시하는 통계 조사. 연도의 끝자리 숫자가 0, 5가 되는 해마다 시행한다.

추계 일부를 가지고 전체를 미루어 계산함.

연표

1798년	맬서스가 인구론을 주장했다.
1955년	우리나라에 1차 베이비붐이 불었다.
1960년	세계 인구가 30억 명을 돌파했다.
1968년	우리나라에 2차 베이비붐이 불었다.
1970년	우리나라에서 출산 관련 통계를 내기 시작했다.
1999년	우리나라에서 청년 실업률 통계를 작성하기 시작했다.
2000년	우리나라가 고령화 사회에 진입했다.
2005년	우리나라에서 '저출산, 고령사회기본법'이 제정되고 저출산, 고령사회 기본계획을 5년 주기로 수립하기 시작했다.
2008년	로런스 레시그 교수가 공유 경제를 주창했다.
2010년	일본의 생애 미혼 남성 비율이 20%를 돌파했다.

2011년	핀란드가 10월 13일을 '실패의 날'로 제정했다.
2014년	해리 덴트가 인구 절벽이라는 개념을 처음 제시했다.
2015년	인구 주택 총조사에 따르면 평균 가구원 수가 2.5명으로 줄었다. 1인 가구가 약 27%로 가장 많고 4인 이상 가구가 가장 드물었다. 우리나라 독거노인의 수가 137만여 명으로 집계되었다.
2016년	세계경제포럼에서 4차 산업혁명이라는 화두가 제시되었다. 서울 지역 지하·옥탑방 거주 청년이 약 50만 명으로 집계되었다. 일본 정부가 신속한 이민 시스템 구축을 목표로 선언했다.
2017년	우리나라의 출생아 수가 357,800명을 기록했다. 집계 이후 최초로 출생아 수 40만 명 선이 무너졌다. 우리나라의 생산 가능 인구가 줄어들기 시작했다. 우리나라가 고령사회에 들어섰다. 우리나라의 평균 초혼 연령이 여성 30.2세, 남성 32.9세를 기록했다. 우리나라 니트족 인구가 174만 명으로 집계되었다. 핀란드가 세계 최초로 중앙정부 차원에서 기본소득 지급을 시작했다.
2018년	우리나라의 합계출산율이 0.98명을 기록했다. 집계 이후 최초로 합계출산율 1명 선이 무너졌다. 우리나라 주민등록 인구는 5,177만 여 명으로 집계되었고, 세계 인구 는 76억 명에 육박했다.

더 알아보기

보건복지부 http://www.mohw.go.kr
국민 보건에 관한 사무와 사회 복지 증진에 관한 사무를 관장하는 중앙행정기관.
주요 업무로는 보건위생과 방역, 의무 행정, 약사 행정, 보건산업, 건강보험, 기초
생활 보장, 자활 지원, 사회보장 및 사회서비스 정책, 저출산·고령화에 대처하는
인구 정책, 영유아 및 아동 보육, 노인 및 장애인 보건복지 등 국민 보건과 사회복
지 증진에 관한 사무를 관장한다.

통계청 http://kostat.go.kr
통계의 기준설정과 인구조사, 각종 통계에 관한 사무를 관장하는 기획재정부 산하
외청. 통계의 종합조정 및 통계작성의 기준을 설정하며, 특히 분산형 통계 제도의
운영으로 인해 발생하는 통계의 중복 방지 및 신뢰성 제고, 통계작성의 일관성 유
지 및 통계 간 비교를 위한 통계표준 분류의 제정·개정 업무를 담당한다.

한국보건사회연구원 http://www.kihasa.re.kr

국민보건의료 · 사회복지 · 사회보장 및 이와 관련된 각 부문의 정책과제를 현실적 · 체계적으로 연구 · 분석하고, 주요정책 과제에 대한 국민의 의견 수렴과 이해증진을 위한 활동을 수행함으로써 국가의 장단기 보건 · 의료 · 복지 정책 수립에 이바지하고자 설립한 정부출연 연구기관.

행정안전부 http://www.mois.go.kr

대한민국의 안전과 재난에 관한 정책의 수립 · 총괄 · 조정, 법령 및 조약의 공포, 정부조직과 정원, 행정 능률, 전자정부 운영, 지방자치제도 등에 관한 사무를 관장하는 중앙행정기관. 주요 업무는 안전 및 재난에 관한 정책의 수립 · 총괄 · 조정, 비상 대비와 민방위 제도, 국무회의의 서무, 법령 및 조약의 공포, 정부조직과 정원, 공무원의 인사 · 윤리 · 복무 · 연금, 상훈, 정부 혁신, 행정 능률, 전자정부 운영, 개인정보보호, 정부청사의 관리, 지방자치제도, 지방자치단체의 사무지원 · 재정 · 세제, 낙후지역 등 지원, 지방자치단체 간의 분쟁 조정, 선거, 국민투표에 관한 사무, 그밖에 국가의 행정사무로서 다른 중앙행정기관의 소관에 속하지 않는 사무를 관장한다.

찾아보기

내인생의책 은 한 권의 책을 만들 때마다
우리 아이들이 나중에 자라 이 책이 '내 인생의 책'이라고 말할 수 있는 책을 만들고자 합니다.

세상에 대하여 우리가 더 잘 알아야 할 교양
㉖ 인구와 경제 인구가 많아야 경제에 좋을까?

정민규 지음

초판 발행일 2019년 6월 10일 | 제2쇄 발행일 2023년 6월 7일
펴낸이 조기룡 | 펴낸곳 내인생의책 | 등록번호 제10-2315호
주소 서울시 서초구 나루터로 70, 엠피스센터 212-1호(잠원동, 영서빌딩)
전화 (02) 335-0449, 335-0445(편집) | 팩스 (02) 6499-1165
편집 백재운 | 디자인 위하영

ISBN 979-11-5723-473-8 (44300)
        979-11-5723-416-5 (세트)

책값은 뒤표지에 있습니다. 잘못된 책은 구입처에서 바꾸어 드립니다.

이 도서의 국립중앙도서관 출판예정도서목록(CIP)은 서지정보유통지원시스템 홈페이지(http://seoji.nl.go.kr)와
국가자료종합목록시스템(http://www.nl.go.kr/kolisnet)에서 이용하실 수 있습니다. (CIP제어번호:2019018382)

내인생의책에서는 참신한 발상, 따뜻한 시선을 가진 원고를 기다리고 있습니다.
원고는 내인생의책 전자우편이나 홈페이지를 이용해 보내 주세요. 여러분의 소중한 경험과 지식을 나누세요.
전자우편 bookinmylife@naver.com | 홈페이지 http://bookinmylife.com

어린이제품 안전 특별법에 의한 제품 표시
제조자명 내인생의책 | **제조 연월** 2023년 6월 | **제조국** 대한민국 | **사용연령** 5세 이상 어린이 제품
주소 및 연락처 서울시 서초구 나루터로 70, 엠피스센터 212-1호(잠원동, 영서빌딩) (02) 335-0449 | **담당 편집자** 백재운